絵でみる
*Le français illustré
en voyage*
小林 茂・井村治樹 〈絵〉
旅のフランス語

大修館書店

まえがきと凡例

　『絵でみる暮らしのフランス語』と題するささやかな本をお届けしてから，もう7年も経ちます．
　そもそものきっかけは，パリに暮らし始めた若い奥さんやお嬢さんがたが，毎日の暮らしで出会う物の名前がわからないと，嘆くのを耳にしたことでした．
　すでに日本でかなりの程度までフランス語を身につけてきたはずの人たちが，そう言うのです．
　それにも無理からぬところがあります．私たちは，多くの場合，生活とは切り離された形でフランス語を学ぶことになります．もちろん，初級のテキストにも，日常生活の場面は出てくるでしょう．けれども，自動車という単語は覚えても，自動車のドアをなんと言うのか，まず教わることはありません（ドア＝porteではありません．念のため）．ドレスは覚えても，レインコートは知らない人のほうが多いでしょう．魚屋さんで，姿は日本で見覚えていても，「その魚ください」とばかりは言っていられないでしょう．ついでに，三枚におろすことは，なんと言って頼んだらいいのだろう．
　そんな疑問に答えられるようにと，暮らしの中の単語を選んで，絵本仕立ての辞書にしてみたのでした．街の中で，家の中で，また身体や衣服について，言葉を集めました．けれども，旅行や観光の中で出会うもの，空港，駅，船，建築物（寺院や．城など）は取り上げませんでした．何よりも，紙幅が限られていたからでした．それでも機会があったら，次にはそれらを集めた絵本にしたいとも，考えていたのでした．

まえがきと凡例

　『絵でみる暮らしのフランス語』を楽しんでくださった方々から，続きも見たいと，お便りを頂いたりもしました．そこで，取り掛かったのですが，思いがけず時間を費やしてしまいました．それでもやっと，ここに，『絵でみる旅のフランス語』をお届けすることになりました．

　前回と同じく，フランス暮らしに詳しい井村治樹さんに絵を描いていただきました．編集作業には，井村さん，私と，大修館書店編集部の清水章弘さんが加わって，これも同じ3人で作業をしました．

　交通機関，旅の滞在とそのなかでの出来事，観光で廻るであろう歴史的記念建造物や美術館など，また自然の景観とスポーツ，そんな大きな4つの柱を立てて，単語を選びました．選ぶにあたっては，数多くの辞典・図鑑類，また専門分野ごとの書物を参照しました．

　絵は，『暮らしのフランス語』と同じく，展望図，集合図，物それぞれの単独図を適宜に使い分けました．単語は，単独図以外では，図の中に番号をつけて示しました．

　それぞれの単語は，綴り［発音］（名詞の性別）訳語，用例《必要に応じて解説》の順に示しました．

　　例：œuf［ウフ］（男）卵．～ dur［ウフデュる］ゆで卵．～ mollet［ウフモレ］半熟卵．～s au plat［ウオプラ］目玉焼《単数œufでは［ウフ］だが，複数œufsでは［ウ］と発音してfを読まないことに注意》．

　上の例でお分かりのように，発音は，カタカナで表しました．もちろん，あくまでもおよその発音です．œuf［ウフ］の［フ］はfeuの［フ］とは当然違うのですが，区別していません．ouもœuも［ウ］としてあります．それでも，lとrは区別する必要が

あるので，rの方はひらがなで表しました．鼻母音も区別したいと考えて，半分の幅のン，つまりンとしました．

　例：embarquement　　［アンバるクマン］

となるわけです．そのほか，bとvの別などは，伝統的なブとヴで区別しました．また，si［スィ］とchi［シ］も区別しました．まずは，そのまま読んでください．フランス語の発音のおよその規則を念頭において参考にしていただければ，お役に立つだろうと思います．

　ところどころに「カコミ」を作って，単語のレベルを越えた説明を，主に生活の実際や，文化史的な補足として加えました．また観光にかかわる種類のカコミを，フランスの実際の建築物などに即して補いました．

　先の『暮らしのフランス語』に収めた単語で，重複するものもありますが，多くは新たに選んだものです．『暮らしのフランス語』『旅のフランス語』とあわせてお使いいただければ，きっと旅と生活のお役に立つことでしょう．

　さらに，誕生，成長，学校，結婚式，病院などにまたがる第3部をいつか作ることが出来るでしょうか．

　とりあえずは，この『絵でみる旅のフランス語』が，皆さんのフランス旅行の鞄にはいって，旅のお伴が出来るならと，私たちは願っています．

　　　2005年10月5日

　　　　　　　　　　　　　　　　　　　　　　　　小林　茂

目　次

LE TRANSPORT ·· 1

機内にて en vol　　　　　　　　　　　　　　　　2
客室 cabine　2

空港 l'aéroport　　　　　　　　　　　　　　　　4
ターミナル aérogare　4
荷物受け取り場
　　zone de retrait des bagages　6
ターミナル見取り図 plan du terminal　8
チェックインカウンター
　　comptoir d'enregistrement　10
出(入)国審査 contrôle de police　11

飛行機 l'avion　　　　　　　　　　　　　　　　12

ヘリコプター l'hélicoptère　　　　　　　　　　13

駅 la gare（1）　　　　　　　　　　　　　　　　14
ターミナル駅 gare terminus　14

駅 la gare（2）　　　　　　　　　　　　　　　　16
通過駅 gare de passage　16
新幹線 TGV　18
客室 salle　19

列車 le train　　　　　　　　　　　　　　　　20
車室 compartiment　20

地下鉄 le métro（1）　　　　　　　　　　　　　22
地下鉄駅 station　22

目　次

地下鉄 le métro (2) ... 24
　車内 intérieur　25
地下鉄 le métro (3) ... 26
路面電車 le tram ... 27
バス l'autobus ... 28
　バス停 arrêt d'autobus　29
高速道路 l'autoroute ... 30
　標識パネル panneaux de signalisation　32
地下鉄とバス le métro et le bus ... 34

LE SÉJOUR ... 35

セーヌ河の眺め la vue sur la Seine ... 36
ホテル l'hôtel ... 38
　部屋 chambre　40
　朝食 petit déjeuner　42
美術館 le musée ... 44
　展示室 salle　46
　アトリエ atelier d'artiste　48
劇場 le théâtre (1) ... 50
劇場 le théâtre (2) ... 52
コンサートホール la salle de concert ... 54
ヴォージュ広場 Place des Vosges ... 58
バスティーユ広場 Place de la Bastille ... 60
凱旋門 l'Arc de Triomphe ... 62
集合住宅 l'immeuble ... 64

v

目 次

ルネサンスの館 l'Hôtel particulier Renaissance　68
パサージュ le passage　70
墓地 le cimetière　72

中世の都市 la cité médiévale　74
地方都市 la ville de province　76
中世の家 la maison du moyen âge　78
料理 la cuisine　80
　地方料理 spécialités régionales　80
　地方料理のメニュー menu des pays　84
ワイン le vin　85

L'HISTOIRE　87

城 le château　88
ルネサンスの城 le Château Renaissance　90
(城)内部 l'intérieur　92
歩廊 la galerie　94
サロン le salon　96
庭園 le jardin (1)　98
庭園 le jardin (2)　100
教会と寺院 l'église et le temple　102
ロマネスク教会 l'église romane (1)　104
ロマネスク教会 l'église romane (2)　106
ゴティック教会 l'église gothique (1)　108

ゴティック教会 l'église gothique (2)	110
ゴティック教会 l'église gothique (3)	112
ゴティック教会 l'église gothique (4)	114
バロック教会 l'église baroque	116
修道院 le monastère	118

LA NATURE …… 121

景観 le paysage	122
野外 la campagne (1)	124
野外 la campagne (2)	126
サッカー le football	128
ウインタースポーツ le sport d'hiver	130
樹木 arbres	132
果樹 fruitiers	134
野の花 fleurs du champs	138
穀類 céréales	141
山の動物 animaux de montagne	142
鳥 oiseaux	145
昆虫 insectes	149
海辺 le bord de la mer	150
浜辺 la plage	152
海辺のスポーツ 　　　le sport au bord de la mer	154

目　次

港 le port　　　　　　　　　　　156
空 le ciel　　　　　　　　　　　158
地球 la terre　　　　　　　　　　160
太陽系 le système solaire　　　　160

索　引 ……………………………… 163

<付録>
フランスの世界遺産
　　Patrimoine mondial en France　　180

```
<凡例>
  （男）　：男性名詞
  （女）　：女性名詞
 （男／女）：男性名詞と女性名詞が同形
  （男複）：男性名詞複数形
  （女複）：女性名詞複数形
    ＊　：有音のhで始まる語（発音表記冒頭）
```

LE TRANSPORT

transport [トরンスポール] (男) 輸送, 運輸,
《複数で》交通手段.
〜s en commun 公共交通機関.

機内にて●en vol

《**vol**》［ヴォル］(男) 飛ぶこと，飛行. en 〜 機上で.
① **cabine** ［カビヌ］(女) 客室.
② **office** ［オフィス］(男) ギャレイ.
③ **hublot** ［ユブロ］(男) 気密窓.
④ **siège** ［スィエジュ］(男) 座席.
⑤ **signal lumineux** ［スィニャルリュミヌ］(男) 電光掲示.

客室●cabine

⑧ **éclairage** [エクレらージュ] (男) 照明.
veilleuse [ヴェイユーズ] (女) 常夜灯.
⑨ **coffre à bagage** [コフらバガジュ] (男) 荷物入れ.
⑩ **lampe individuelle** [ランプアンディヴィデュエル] (女) 手許灯.
⑪ **ventilateur** [ヴァンティラトゥーる] (男) 送風口.
⑫ **téléviseur** [テレヴィズーる] (男) テレヴィモニター.
⑬ **écouteur** [エクトゥーる] (男) イヤホーン.
⑭ **équipage** [エキパージュ] (男) [集合] クルー, 乗組員.
⑮ **steward** [ステュワーるド] (男) スチュワード.
⑯ **hôtesse de l'air** [オテスドレる] (女) スチュワーデス.
commandant de bord [コマンダンドボる] (男) 機長.
⑰ **chariot** [シャリヨ] (男) カート.
⑱ **plateau** [プラト] (男) 盆, トレイ.
sortie de secours [ソるティドスクる] (女) 非常口.
masque à oxygène [マスカオクスィジェヌ] (男) 酸素マスク.
gilet de sauvetage [ジレドソヴタジュ] (男) 救命胴衣.

⑥ **ceinture de sécurité** [サンテュるドセキュリテ] (女) シートベルト.
⑦ **tablette** [タブレット] (女) (折り畳み式) 小卓.

空港 ● l'aéroport

ターミナル●aérogare

《**aéroport**》[アエロポル] (男) 空港.
① **aérogare** [アエロガル] (女) ターミナル. ~ satellite サテライト.
② **passerelle** [パスレル] (女) タラップ.
③ **aire de manœuvre** [エルドマヌヴル] (女) エプロン.
④ **aire de stationnement** [エルドスタスィョヌマン] (女) 駐機場.
⑤ **voie de circulation** [ヴォワドスィルキュラスィヨン] (女) タクシーウェイ.
   hangar [アンガル] (男) 格納庫.
⑥ **piste** [ピスト] (女) 滑走路.
⑦ **tour de contrôle** [トゥルドコントロル] (女) 管制塔.
⑧ **vigie** [ヴィジ] (女) 管制室.

パリには2つの空港がある.オルリーOrly, ロワシー゠シャルル゠ドゴールRoissy-Charles-de-Gaulleである.国際線の空港としてはロワシーが使われるが,チャーター便などでオルリー発着のものもある.また国内線の多くがオルリーから発着するのだが,ロワシーはパリの北,オルリーは南に位置しているから,国際線との乗り継ぎのために,国内線でもロワシー発着の便がある.ロワシーにはAérogare 1からAérogare 3（最近はaérogareでなくterminalと呼んでいるようだ）がある.第2はAからFまでの6つのサテライトを持ち,Air Franceエール・フランスと日本航空の日本便は原則的に第2空港のFサテライトを使っている.全日本空輸便は第1空港だから注意が必要だ.二つの空港の間は無料のシャトルバスが連絡している.40キロほど離れたパリまでは,第1,第2いずれからも,パリ交通営団RATPの運行する直通Roissybusロワシービュス〔オペラ座まで〕,エール・フランスの空港バス〔凱旋門まで〕が出ている.ほかに,高速郊外鉄道RERのB線の空港第2駅は2Fサテライトの近くにあり,第1空港からは空港駅まで無料バスが運行されていて,これを使えば,パリの中央までまっすぐに行くことができる.むろんタクシーも利用できる.なおまた第2空港の地下には新幹線TGVの駅があって,パリ市まで行かずとも,ここから地方へ出発することもできる.

単一通貨ユーロ 混乱もなく,ヨーロッパ単一通貨ユーロeuro [ウロ]（記号は€）は生活の中に定着した.紙幣は5, 10, 20, 50, 100, 200, 500ユーロの7種,硬貨は1, 2ユーロのほか,その下位の1, 2, 5, 10, 20, 50セントcent(s)（フランスでは,サンティームcentime(s) [サンティム] と言っている）.硬貨の片面は,各国が独自の意匠を刻印していて,しかもユーロは国境を越えて流通するから,他国の硬貨にも出会えて面白い.なお,日本人はつい「ユーロ」と発音して,かえって通じなくなる.「ウロ」と発音しよう.3€50なら [トルワズロサンカント] だ.サンティムは言わなくてもかまわない.

空港 ● l'aéroport

① **zone de retrait des bagages** [ゾヌドるトレデバガジュ] (女) 荷物受取場.
② **tapis roulant** [タピるラン] (男) 回転台.
③ **contrôle douanier** [コントろルドワニエ] (男) 税関.
④ **sortie** [ソるティ] (女) 出口.

入国カード

フランスに入国する際には，入国カード*に記入して，パスポートに添えて入国審査の係官に提出する．カードは，通常は到着前に飛行機の中で配られる．
順に，Nom 姓，Prénom 名と記入するが，その間にある，Nom de jeune fille に戸惑う人もあるだろう．結婚して姓のかわった女性が，その旧姓を記入する欄だ．それ以外の場合は，記入せずに空欄のままにしておけばよい．
その通りにしなければならないというわけではないが，姓はすべて大文字で，名は第一

荷物受け取り場●zone de retrait des bagages

CARTE DE DÉBARQUEMENT
DISEMBARKATION CARD

ne concerne pas les voyageurs de nationalité française
ni les ressortissants des autres pays membres de la C.E.E.
not required for nationals of France nor for other
nationals of the E.E.C. countries.

1 Nom : ....
  NAME (en caractère d'imprimerie — please print)

  Nom de jeune fille : ....
  Maiden name

  Prénoms : ....
  Given names

2 Date de naissance : ....
  Date of birth   (quantième) (mois) (année) (day) (month) (year)

3 Lieu de naissance : ....
  Place of birth

4 Nationalité : ....
  Nationality

5 Profession : ....
  Occupation

6 Domicile : ....
  Address

  ....

7 Aéroport ou port d'embarquement : ....
  Airport or port of embarkation

La loi numéro 78-17 du 6 Janvier 1978 relative à l'informatique, aux fichiers et aux
libertés s'applique aux réponses faites à ce document. Elle garantit un droit d'accès
et de rectification pour les données vous concernant auprès du Fichier National
Transfrontière – 75, rue Denis Papin – 93500 PANTIN. Les réponses ont pour objet
de permettre un contrôle par les services de police des flux de circulation avec certains
pays étrangers. Elles présentent un caractère obligatoire au sens de l'article 27 de
la loi précitée.

MOD. 00 30 00 03 00 I.C.P.N. Roubaix 99

（入国カード）

文字だけ大文字で書くのがならわし．日付は，日／月／年の順で書くのがフランス式だ．Profession職業欄に何と書いたらよいかと，「主婦」たる人が時に迷うようだが，maîtresse de maisonという言い方がある．国籍はJaponのように書かずに，Nationalitéにつける形容詞としてjaponaiseのように書く．
* =Carte de débarquement. 直訳すれば「下船カード」．飛行機の用語が多く船の用語から転用して使われている．

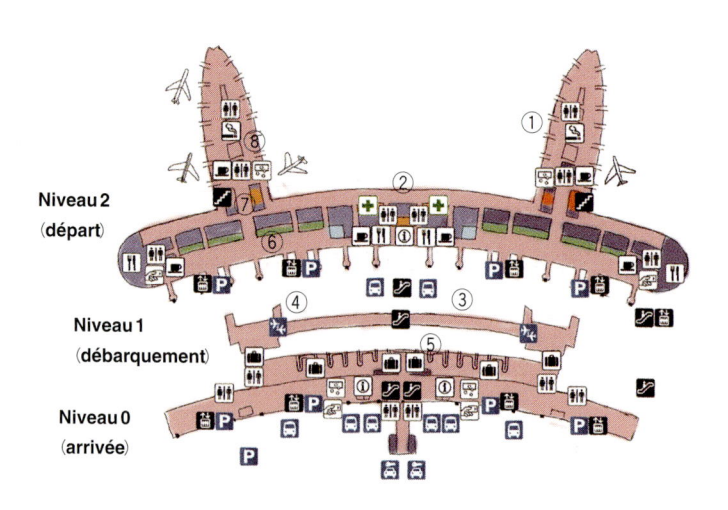

空港 ● l'aéroport

Niveau 2 〈départ〉

Niveau 1 〈débarquement〉

Niveau 0 〈arrivée〉

《**plan du terminal**》［プランデュテるミナル］(男) ターミナル見取り図.
① **satellite** ［サテリット］(女) サテライト.
② **niveau départ** ［ニヴォデパる］(男) 出発階.
③ **niveau arrivée** ［ニヴォアリヴェ］(男) 到着階.
④ **correspondance** ［コれスポンダンス］(女) 乗り継ぎ, トランジット.
⑤ **livraison de bagage** ［リヴれゾンドバガジュ］(女) バゲジ・クレイム.
⑥ **zone d'enregistrement** ［ゾヌダんるジストるマン］(女) チェックインカウンター.
⑦ **contrôle de police** ［コントろルドポリス］(男) 出 (入) 国審査.
⑧ **salles d'embarquement** ［サルダンバるクマン］(女複) 搭乗待合室.
   niveau commerces et services ［ニヴォコメるスエセるヴィス］(男) 商店・サーヴィス階.

bar ［バる］(男) 喫茶店.

change ［シャンジュ］(男) 両替.

distributeur de billets ［ディストりビュトるドビエ］(男) キャッシュディスペンサー.

espace fumeurs ［エスパスフュムる］(男) 喫煙スペース.

8

ターミナル見取り図●plan du terminal

- **espace prière** [エスパスプリエる] (男) 礼拝スペース.
- **objets trouvés** [オブジェトるヴェ] (男複) 遺失物.
- **la Poste** [ラポスト] (女) 郵便局.
- **renseignements** [らンセニュマン] (男複) 案内所.
- **restaurant** [れストラン] (男) レストラン.
- **toilettes** [トワレット] (女複) 手洗い所.
- **centre médical** [サントるメディカる] (男) 医療センター.
- **pharmacie** [ファるマシ] (女) 薬局.
- **ascenseurs** [アサンスる] (男複) エレヴェーター.
- **escalators** [エスカラタる] (男複) エスカレーター.
- **escaliers** [エスカリエ] (男複) 階段.
- **gare TGV** [ガるテジェヴェ] (女) 新幹線駅.
- **accès parc de stationnement** [アクセパるクドスタスィヨヌマン] (男) 駐車場入口.
- **bus** [ビュス] (男) バス.
- **navettes aéroport** [ナヴェトアエろぽる] (女複) 空港シャトル.
- **cars** [カる] (男複) 長距離バス.
- **taxis** [タクスィ] (男) タクシー.
- **voitures de location** [ヴワテュるドロカスィヨン] (女複) レンタカー.

　ロワシー=シャルル=ドゴール空港の一部の平面図を示してみる。1975年に使用開始されたのが円形のプランのAérogare 1第1ターミナルだが，第2ターミナルは緩やかなカーヴを描く正面が，進入道路をはさんで2Aから2Fのサテライトが互いに向かい合うように設けられて，航空会社あるいは行き先ごとに使い分けられている。図は日本からの利用者が使うことの多い2Fの部分。3層に重なった最上層niveau 2が出発階，角のように突き出ているのが搭乗口のある待合室部分。右側の角が外国連絡部分。その手前のチェックインカウンターの列の間に出国審査の入り口があり，これを抜けると大きなガラス屋根の搭乗待合室だ。

　到着は，待合室のすぐ下で行われ，廊下を通ってniveau 1に導かれるとパスポートチェック，エスカレータでniveau 0におりると手荷物引渡し場になる。そこから税関のチェックを済ませるとバス・自動車の乗り場に続いている。すぐ外に出ないで図の左手へ進むと，TGVやRERの駅にそのまま向かうことができる。

チェックインカウンター●**comptoir d'enregistrement**

① **hall** [オル] (男) ロビー.
② **comptoir d'enregistrement** [コントワるダンるジストるマン] (男) チェックインカウンター.
③ **personnel d'accueil** [ペるソネルダクィユ] (女) 受付係.
④ **valise** [ヴァリズ] (女) スーツケース.
⑤ **bagage à main** [バガジュアマン] (男) 手荷物.
⑥ **tableau d'affichage** [タブロダフィシャジュ] (男) フライトインフォメーション.
contrôle de sécurité [コントロルドセキュリテ] (男) セキュリティコントロール.
contrôle des passeports [コントロルデパスポる] (男) パスポートチェック.
boutique hors taxe [ブティクオるタクス] (女) 免税店.

近年はハイジャックなどの対策がきびしくなっていて，預けた小荷物，機内持込荷物の禁止品もこまかく規定されているから注意が必要.

《objets interdits dans l'avion》 [オブジェアンテるディダンラヴィヨン] (男) 預け入れ禁止物品.
lessive [レスィヴ] (女) 洗剤.
batteries de voiture [バトリドゥワテュる] (女複) 自動車バッテリー.
feux d'artifice [フダるティフィス] (男複) 花火.
peinture [パンテュる] (女) ペンキ.
bouteilles de gaz [ブテユドガズ] (女

出(入)国審査 ● contrôle de police

① **contrôle de police** [コントロルドポリス]（男）出(入)国審査.
② **contrôle de sécurité** [コントロルドセキュリテ]（男）安全チェック.
③ **fouille** [フィユ]（女）身体検査.
④ **agent aéroportuaire** [アジャンアエロポルテュエる]（男）空港係員.
pièce d'identité [ピエスディダンティテ]（女）身分証明書.
carte d'embarquement [カるトダンバるクマン]（女）搭乗券.
salle d'embarquement [サルダンバるクマン]（女）搭乗待合室.
porte d'embarquement [ポるトダンバるクマン]（女）搭乗口.

複) ガスボンベ.

《objets interdits en cabine》[オブジェアンテるディアンキャビヌ]（男複）機内持込禁止物品.
objets pointus [オブジェプワンテュ]（男複）尖っているもの.
objets tranchants [オブジェトらンシャン]（男複）刃物
couteau [クト]（男）ナイフ.
bombe [ボンブ]（女）スプレー.
armes à feu [アるムアフ]（女複）火器.
ciseaux [スィゾ]（男複）鋏.
roller [ろレる]（男）ローラースケート.

飛行機 ● l'avion

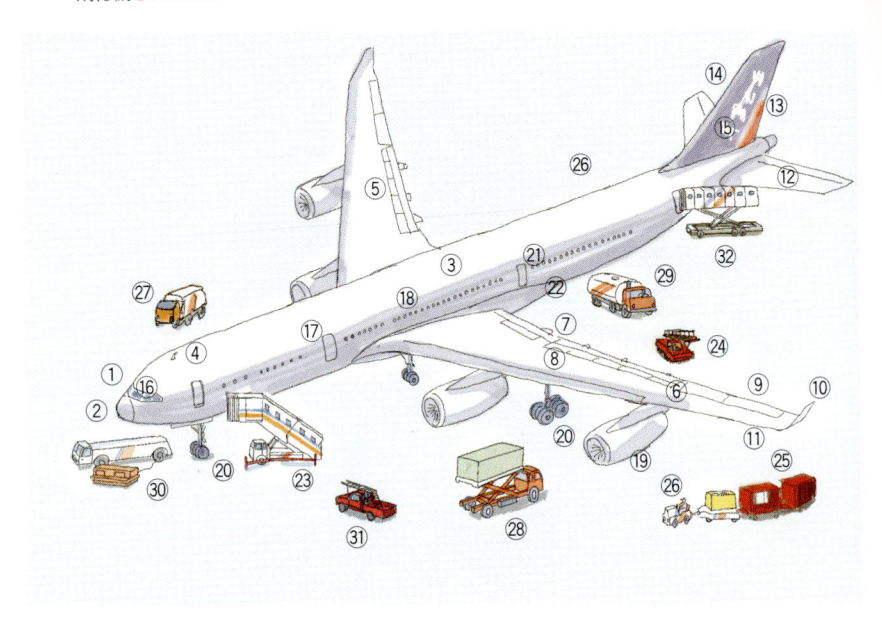

《avion》［アヴィヨン］(男) 飛行機, 航空機.
① nez ［ネ］(男) 機首.
② radar ［らだる］(男) レーダー.
③ fuselage ［フュズラジュ］(男) 胴.
④ antenne ［アンテヌ］(女) アンテナ.
⑤ aile ［エル］(女) 翼.
⑥ bord d'attaque ［ボるダタク］(男) (翼)前縁.
⑦ volet ［ヴォレ］(男) フラップ.
⑧ déporteur ［デポるトゥる］(男) スポイラー.
⑨ aileron ［エルロン］(男) 補助翼.
⑩ ailette ［エレット］(女) 小翼.
⑪ feu de navigation ［フドナヴィガスィヨン］(男) 航行灯.
⑫ stabilisateur ［スタビリザトゥる］(男) 水平安定版.
⑬ gouverne ［グヴェるヌ］(女) 操縦面. 〜de direction 方向舵, 〜de profondeur 昇降舵.
⑭ empennage ［アンプナジュ］(男) 尾部.
⑮ dérive ［デリヴ］(女) 垂直安定版.
⑯ poste de pilotage ［ポストドピロタジュ］(男) 操縦席.
⑰ porte ［ポるト］(女) 扉.
⑱ hublot ［ユブロ］(男) 窓.
⑲ réacteur ［れアクトゥる］(男) 推進器, エンジン.
⑳ train d'atterissage ［トらンダテリサジュ］(男) 降着脚, 降着車輪.
㉑ compartiment touriste ［コンパるティマントゥりスト］(男) 客室.
㉒ compartiment à fret ［コンパるティマンアフれト］(男) 荷物室.
㉓ escalier automoteur ［エスカリエオトモ

ヘリコプター●l' hélicoptère

トゥ]（男）タラップ車.
㉔ **convoyeur à bagages**［コンヴォワユる アバガジュ］（男）荷物運搬車.
㉕ **remorque à bagages**［るモるクアバガジュ］（女）ドーリー.
㉖ **tracteur**［トらクトゥる］（男）タグ車.
㉗ **camion-citerne**［カミヨンスィテるヌ］（男）タンク・ローリー.
㉘ **camion-commissariat**［カミヨンコミサりア］（男）（食物等の）ローダー.
㉙ **camion avitailleur**［カミヨンアヴィタイユる］（男）燃料供給車.
㉚ **groupe électrogène**［グるプエレクトろジェヌ］（男）電源車.
㉛ **véhicule de service**［ヴェイキュルドセるヴィス］（男）空港サービス車両.
㉜ **transbordeur**［トらンスボるドゥる］（男）旅客運搬車両.

《**hélicoptère**》［エリコプテる］（男）ヘリコプター.
① **pale**［パル］（女）ブレード.
② **tête de rotor**［テトドろトる］（女）ロータヘッド.
③ **cabine**［カビヌ］（女）客室.
④ **marchepied**［マるシュピエ］（男）ステップ.
⑤ **phare**［ファる］（男）ヘッドライト；投光器.
⑥ **poutre de queue**［プトるドク］（女）テイル・ブーム.
⑦ **patin**［パテン］（男）スキッド；脚.
⑧ **poste de pilotage**［ポストドピロタジュ］（男）操縦席.
⑨ **stabilizateur**［スタビリザトゥる］（男）安定板.
⑩ **rotor anticouple**［ろトろンティクプル］（男）テイルローター.
⑪ **dérive**［デリヴ］（女）フィン.

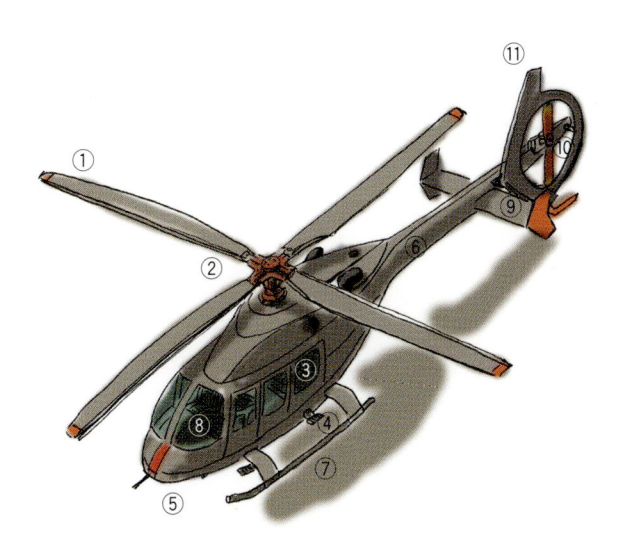

13

駅 ●la gare (1)

《gare terminus》［ガールテルミニュス］（女）ターミナル駅《路線端の始発・終着駅》.

① **verrière** ［ヴェリエール］（女）ガラス屋根.
② **structure métallique** ［ストリュクテュルメタリック］（女）鉄傘；鉄骨屋根.
③ **tableau horaire** ［タブロオレール］（男）時刻表.
④ **panneau indicateur** ［パノアンディカトゥる］（男）案内板.
⑤ **quai** ［ケ］（男）プラットフォーム.
⑥ **accès aux quais** ［アクセオケ］（男）プラットフォーム入口.

14

ターミナル駅●gare terminus

⑪ **destination** ［デスティナスィヨン］(女) 行先.
⑫ **numéro du train** ［ニュメロドトラン］(男) 列車番号.
⑬ **train** ［トラン］(男) 列車.
⑭ **chariot à bagage** ［シャリヨアバガジュ］(男) 荷物運搬車.
⑮ **information** ［アンフォるマスィヨン］(女) インフォメイション, 案内所.
⑯ **publicité** ［ピュブリスィテ］(女) 広告.
⑰ **distributeur automatique** ［ディストリビュトゥるオトマティック］(男) 自動販売機.
⑱ **boutique** ［ブティック］(女) 売店.

⑦ **composteur** ［コンポストゥる］(男) 自動改札機.
⑧ **barrière** ［バリエール］(女) ゲイト.
⑨ **voie** ［ヴワ］(女) 番線.
⑩ **numéro de voie** ［ニュメロドヴワ］(男) 線番号.

パリには鉄道駅が6つある. サン=ラザール駅 Gare Saint-Lazare, 北駅 Gare du Nord, 東駅 Gare de l'Est, リヨン駅 Gare de Lyon, オステルリッツ駅 Gare d'Austerlitz, モンパルナス駅 Gare Montparnasse. それぞれ, ノルマンディー, ベルギー・オランダ, アルザス・ドイツ, フランス南東部・イタリア, フランス南西部, ブルターニュに向かう鉄道網の基点である. それぞれの駅には長距離路線 Grandes lignes, 郊外線 banlieues のホームが別個にある. いくつかの駅は新幹線 TGV (= Trains à Grande Vitesse) の発車駅になっている. ロンドンと結ぶユーロスター Eurostar は北駅から発車する. 駅には, 日本のような改札はない. 自動改札機械 composteur に自分で刻印させなくてはならないのだ.

15

駅●la gare (2)

① **gare** [ガール] (女) 駅, 駅舎.
② **abri** [アブリ] (女) 上屋.
③ **quai** [ケ] (男) プラットフォーム.
④ **voie** [ヴワ] (女) 線路.
⑤ **rail** [らィユ] (男) レール.
⑥ **traverse** [トラヴェるス] (女) 枕木.
⑦ **ballast** [バラスト] (男) バラスト, 道床.
⑧ **aiguillage** [エギュイヤージュ] (男) ポイント.
⑨ **bretelle** [ブルテル] (女) クロスオーバー.
⑩ **boutoir** [ブトワール] (男) 車止め.
⑪ **passerellle** [パッスれル] (女) 跨線橋.
⑫ **passage souterrain** [パッサジュステらン] (男) 地下通路.
⑬ **locomotive** [ロコモティヴ] (女) 機関車.
⑭ **locomotive électrique** [ロコモティヴエレクトリック] (女) 電気機関車.

通過駅●gare de passage

wagon porte-conteneurs [ヴァゴンポるトコントヌゥる] (男) コンテナ車.
conteneur [コントヌゥる] (男) コンテナ.
wagon de queue [ヴァゴンドク] (男) 車掌車.
⑰ **caténaire** [カテネール] (女) 架線.
⑱ **pylône** [ピローヌ] (男) 電柱.
⑲ **parking** [パるキング] (男) 駐車場.
⑳ **gare routière** [ギャるるティエる] (女) バスターミナル.

guichet [ギシェ] (男) 窓口.
réservation [れぜるヴァスィヨン] (女) 予約.
billet [ビィエ] (男) 切符.
ticket [ティケ] (男) 切符.
aller-simple [アレサンプル] (男) 片道.
aller et retour [アレエるトゥる] (男) 往復.
entrée [アントれ] (女) 入口.
sortie [ソるティ] (女) 出口.
direction [ディれクスィヨン] (女) 行先, 方向.
destination [デスティナスィヨン] (女) 行先, train à ~ de …行きの列車.
provenance [プろヴナンス] (女) 発, train en ~ de …発の列車.
première classe [プるミィエるクラス] (女) 一等.
deuxième classe [ドゥズィエムクラス] (女) 二等.
fumeur [フュマゥる] (男, 形) 喫煙〔の〕.
non fumeur [ノンフュマゥる] (男, 形) 禁煙〔の〕, compartiment ~ 禁煙車室.
correspondance [コれスポンダンス] (女) 乗換え.

⑮ **locomotive diesel** [ロコモティヴディエゼル] (女) ディーゼル機関.
⑯ **voiture** [ヴワテュる] (女) 客車.
wagon [ヴァゴン] (男) 車両; 貨物車.
wagon couvert [ヴァゴンクヴェーる] (男) 有蓋車.
wagon-citerne [ヴァゴンスィテるヌ] (男) タンク車.

新幹線 ●TGV

《TGV》[テジェヴェ] (男) 新幹線《=Train à Grande Vitesse》.
① **motorice** [モトリス] (女) 動力車.
② **bogie** [ボジ] (男) ボギー台車.
③ **rame** [らム] (女) 連結車両, [1] 編成.
④ **voiture** [ヴヮテュル] (女) 車両.
⑤ **voiture voyageur** [ヴヮテュルヴヮヤジュる] (女) 客車.
⑥ **compartiment bagage** [コンパるティマンバガジュ] (女) 荷物区画.
⑦ **cabine de conduite** [カビヌドコンデュィト] (女) 運転席.
⑧ **projecteur** [プろジェクトゥる] (男) 投光器.
⑨ **attelage automatique** [アトラジュオトマティク] (男) 連結器.
⑩ **voie** [ヴヮ] (女) 線路.
⑪ **rail** [らィユ] (男) レール.
⑫ **traverse** [トらヴェるス] (女) 枕木.
⑬ **ballast** [バラスト] (男) バラスト, 道床.
⑭ **pantographe** [パントグらフ] (男) パンタグラフ.
⑮ **caténaire** [カテネる] (女) 架線.
⑯ **isolateur** [イゾラトゥる] (男) 絶縁碍子.
⑰ **poteau** [ポト] (男) 架線柱.

列車に乗るなら,切符を買わなくてはならない.近距離の郊外線なら自動販売機がある.遠距離で座席の指定もしようと言うなら,予約réservationのカウンターがある.フランスは,パリの始発駅ごとに鉄道網が出来ているが,始発の駅でなくても買うことはできる.問題は日本のような時刻表はないことだ.かわりに路線ごとに,小型の折りたたんだ時刻表fiche horaireというものがあって,行き先ごとにスタンドに並べてある.これは無料だから,自由にとって調べればいい.より細かな点については,カウンターで聞くことになる.出発の日によって料金は変わることがあり,またさまざまな割引制度があるから,これもたずねるのが良いだろう.

客室●salle

《salle》［サル］（女）客室《通廊式．個室に分かれた車室はcompartiment［コンパるティマン］》．
① siège réglable［スィエジュれグラブル］（男）リクライニングシート．
② couloir central［クルワるサントらル］（男）廊下；通廊．
③ porte［ポるト］（女）扉口《la porte donnant sur la voie「線路側扉口」》．
④ voyageur(se)［ヴゥヤジュる（ズ）］（男）（女）乗客．

contrôleur［コントろルーる］（男）車掌．
vente ambulante［ヴァントアンビュラント］（女）車内販売．
case à bagages［カザバガジュ］（女）荷物置き場《車室端に設けられている》．
plateforme［プラトフォるム］（女）デッキ．
toilettes［トワレット］（女複）トイレット．

自動改札機composteurに刻印をさせて，時刻表で番線を調べたら，ホームに入って，号車の番号，座席の番号を確かめて席に着く．注意しなくてはならないのは，発車のアナウンスも，発車のベルもない．静かに動き出すことだ．また，ホームに駅弁や飲み物を売りにも来ない．必要ならコンコースの売店で買ってから乗り込むこと．もっともビュッフェbarを備えた列車，車内販売vente ambulanteのある列車もある．これは時刻表fiche horaireにも書いてあるから確かめておくといい．

列車●le train

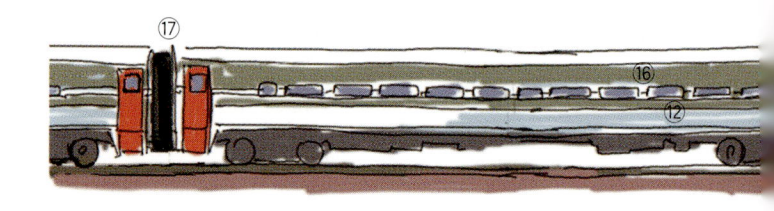

《train》[トラン]（男）列車．

① **locomotive** [ロコモティヴ]（女）機関車．〜 électrique電気機関車，〜 dieselディーゼル機関車《dieselは[ディエゼル]》．

② **pantographe** [パントグらフ]（男）パンタグラフ．

③ **tête d'attelage** [テトダトらジュ]（女）連結器．

④ **chasse-pierre** [シャスピエる]（男）排障器．

⑤ **phare** [ファる]（男）ヘッドライト．

⑥ **avertisseur** [アヴェるティスる]（男）汽笛；サイレン．

⑦ **cabine de conduite** [カビヌドコンデュィト]（女）運転席．

⑧ **radiateur** [らディアトゥる]（男）放熱器．

⑨ **bogie** [ボジ]（男）台車，ボギー．

⑩ **châssis de bogie** [シャスィドボジ]（男）車台．

⑪ **essieu** [エスィゥ]（男）車軸．

⑫ **voiture** [ヴワテュる]（女）車輌．〜-coache客車，〜-lit寝台車，〜-restaurant食堂車．

⑬ **porte d'accès** [ポるトダクセ]（女）扉，昇降扉．

⑭ **marche-pied** [マるシュピエ]（男）ステップ．

⑮ **poignée montoire** [プワニェモントワる]（女）手すり．

⑯ **fenêtre** [フネトる]（女）窓．

⑰ **couloir d'intercommunication** [クロワるダンテるコミュニカスィヨン]（男）（車両間の）通廊；連結廊．

⑱《**compartiment**》[コンパるティマン]（男）コンパートメント，個室車室．

⑲ **filet** [フィレ]（男）網棚．

⑳ **contrôleur** [コントろるる]（男）検札係，車掌．

㉑ **portière** [ポるティエる]（女）扉．

㉒ **poignée** [プワニェ]（女）取っ手．

㉓ **poignée d'alarme** [プワニェダラるム]（女）非常取っ手．

fenêtre [フネートる]（女）窓．

vitre [ヴィトる]（男）窓ガラス．

voiture coach [ヴワテューるコチ]（女）（個室式でない）客車．

voiture corail [ヴワテュるコらィユ]（女）コらィユ車両《フランス国鉄の中央通路式の客車．confort＋railの造語による命名》．

voiture-lit [ヴワテュるリ]（女）寝台車．

couchette [クシェット]（女）簡易寝台；簡易寝台車．

voiture-restaurant [ヴワテュるれストらン]（女）食堂車．

車室●compartiment

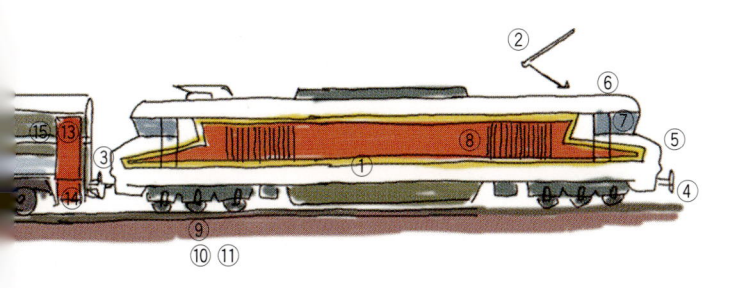

bar [バる] (男) ビュッフェ.
repas à la place [るパアラプラス] (男)
　(座席での) 車内食.
vente ambulante [ヴァントアンビュラント]
　(女) 車内販売.

地下鉄●le métro（1）

《**métro**》［メトロ］(男) 地下鉄.
《**station**》［スタスィヨン］(女) 地下鉄駅.
① **quai** ［ケ］(男) プラットフォーム.
② **plan de réseau** ［プランドれゾー］(男) 路線地図.
③ **nom de station** ［ノンドスタスィヨン］(男) 駅名.
④ **direction** ［ディれクスィヨン］(女) 行先.
⑤ **correspondance** ［コれスポンダンス］(女) 乗換案内.
⑥ **sortie** ［ソるティ］(女) 出口.
⑦ **poste de communication** ［ポストドコミュニカスィヨン］(男) インターフォン.
⑧ **interrupteur** ［アンテりュプトゥール］(男)（電流の）遮断機；緊急スイッチ.
⑨ **banc** ［バン］(男) ベンチ.
⑩ **publicité** ［ピュブリスィテ］(女) 広告.
⑪ **voyageur** ［ヴォワヤジュール］(男) 乗客《女性は **voyageuse** ［ヴォワヤジューズ］》.
⑫ **tunnel** ［テュネル］(男) トンネル.
⑬ **rame** ［らム］(女)（車両の）編成.
⑭ **voiture** ［ヴワテュール］(女) 車両.

地下鉄駅 ●station

パリの地下鉄MétroとバスBusには共通の切符で乗る．1枚ずつ買うよりも10枚の回数券Carnetで買うほうが安くなる．さらに，メトロとバスに乗り放題の，共通乗車券がある．地下鉄駅stationなどで無料でもらえるCarte orangeカルト・オランジュという一種の身分証明カードを作って，Coupon mensuel 1ケ月券（各月の1ケ月間）かCoupon hebdomadaire週間券（月曜から日曜まで）を購入すれば，メトロとパリ市内のバス路線すべてにその期間は乗り放題となる．クーポンにはカルト・オランジュの番号を転記して常に携行する．回数券もクーポンも，メトロの窓口のほかタバコ屋でも買うことができる．

メトロ改札はすべて自動改札機械になっている．切符などを入れると腕木が動いて前に進むことができる．バスの場合は，回数券は運転席の後ろにある検札機械にいれて刻印するのだが，クーポンは運転手に見せるだけでいい．

RERの路線も，パリ市内の部分は，同じ切符・クーポンで乗れるが，市外は別料金で，しかも，下車駅で乗り越し精算することはできない．はじめから通したチケットを買っておく必要があるのだ．

自動販売機もあるが，日本のように，コインを入れると引き算でおつりがでる方式とは逆で，行き先（枚数，等級，片道・往復の別）などを選んで，表示される金額がゼロになるまでコインを入れると，チケットが発行される仕組みだ．

⑮ **motrice** [モトリス]（女）動力車．
　 remorque [るモルク]（女）無動力車．
⑯ **roue** [る]（女）車輪．
⑰ **pneumatique** [プヌマティク]（男）タイヤ．
⑱ **prise de courant** [プリズドクラン]（女）電力供給線．
　 frotteur [フロトゥーる]（男）集電器．
⑲ **voie** [ヴワ]（女）線路．
⑳ **rail** [らィユ]（男）レール．
㉑ **piste de roulement** [ピストドるルマン]（女）走行面．

地下鉄 ●le métro (2)

① **guichet** [ギシェ] (男) 窓口.
② **salle des billets** [サルデビエ] (女) 切符売り場.
③ **agent** [アジャン] (男) 駅員.
④ **distributeur automatique** [ディストリビュトゥるオトマティック] (男) 自動販売機.
⑤ **cabine téléphonique** [カビヌテレフォニック] (女) 公衆電話.
⑥ **tourniquet d'accès** [トゥるニケダクセ] (男) 自動改札機.
⑦ **couloir** [クロワーる] (男) 通廊.
　carte des lignes [かるトデリーニュ] (女) 経路案内.
　station [スタスィヨン] (女) 駅, 停車場.
　enseigne [アンセーニュ] (女) 表示, 標識.
　bouche〔de métro〕 [ブーシュ〔ドメトろ〕] (女) 口, 出入り口《特に地下鉄の》.

escalier [エスカリエ] (男) 階段.
escalier mécanique [エスカリエメカニック] (男) エスカレーター.
hall [オル] (男) コンコース.
kiosque [キヨスク] (男) 売店.

ticket [ティケ] (男) 切符.
carnet [かるネ] (男) (10枚綴りの) 回数券.
coupon [クポン] (男) 定期乗車券. **～hebdomadaire** [〜エブドマデーる] 1週間乗車券 (**〜jaune** [〜ジョーヌ]ともいう). **～mensuel** [〜マンスュエル] 月間乗車券 (**〜orange** [〜オらンジュ]ともいう).
carte orange [かるトオらンジュ] (女) オレンジカード《定期乗車券(上記クーポン)購入のための一種の乗車証→p. 23参照》.
zone [ゾヌ] (女) 地域, 地帯.

車内●intérieur

① **porte** [ポルト]（女）扉.
　loqueteau [ロクトー]（男）（扉の）レバー
　《扉を開くためのレバー．旧型車両では扉は閉まるときだけが自動だった．近年の車両は自動ドアになった》．
② **fenêtre** [フネトる]（女）窓.
③ **éclairage** [エクレらージュ]（男）照明.
④ **siège** [スィエージュ]（男）座席.
⑤ **strapontint** [ストラポンタン]（男）補助席.
⑥ **poignée** [プワニェ]（女）てすり.
⑦ **colonne** [コロヌ]（女）ポール.
　affiche [アフィシュ]（女）（広告の）ポスター.

メトロもバスも，日本と逆の右通行だ．メトロは，ホームで待っていると左側から電車がやってくる．原則として進行方向右側の扉が開く．ただし一部の路線以外，扉は自動では開かない．扉についたレバーの掛けがねを起こすか，ボタンを強く押すとはじめて開くのだ．ただし閉まる時は自動．ホームの入り口には，その方向の駅名が一覧された表が出ている．ホームの壁にはその駅の名前だけが大きく表示されている．ホーム中央には，行き先の終着駅の名前が天井から吊り下げられている．出口へはSortieの表示をたどればいい．乗り換えは，乗り継ぎ先の路線番号と終着駅の示してある矢印の表示をたどることになる．

地下鉄●le métro（3）

地下鉄の乗車券は，何回乗り換えても，出口を出るまでは有効である．
そこで，最近は見かけなくなったが，以前は出口通路の途中に次のような案内のでているのを見かけたものだ．
Au delà de cette limite votre titre de transport n'est plus valable.
「この境界を越えた後は乗車証は無効となる」
つまり，そこを過ぎると，もう1回分の使用を終えたことになるというわけだ．
〔**titre de transport**［ティトるドトらンスポる］（男）乗車券．〕

車内のいくつかの席（向かい合う4人分です）に番号札が取り付けてあって，横の窓ガラスにはこう書いてあった．
    Les places numérotées sont réservées par priorité
      1. aux mutilés de guerre
      2. aux invalides civiles
      3. aux femmes enceintes et aux personnes accompagnées d'enfant de moins de trois ans
      4. aux personnes âgées.
番号のある座席は優先席です．優先順位は，
      1. 戦傷者
      2. 軍人以外の傷病者
      3. 妊婦もしくは3歳未満の幼児同伴者
      4. 高齢者
これは今でも少し表現を変えて残っている．ただし，ハートマークなどがあしらわれていて，冷たいくらいに明瞭にすっきりと表してあった昔の書き方に比べるとフランスも日本的に幼児化して堕落したかという感がある．

路面電車 ●le tram

《tram》(=tramway)［トラム（トラムウェ）］
 (男) 市街電車，路面電車．
① motorice［モトリス］(女) 電動車．
　remorque［るモるク］(女)（モーターのない）無動力車．付随車．
　rame［らム］(女) 連結車両，一編成．
② rail［らィユ］(男) レール．
③ trolley［トロレ］(男) トロリー，集電器．
④ fil［フィル］(男) 線，電線．～de contact 給電線．
⑤ fil aérien［フィラエリヤン］(男) 架線（= caténéaire［カテネる］(女) 架線）．

路面電車は，自動車交通の発達とともに，邪魔者扱いをされて廃止されていったが，近年になって復活している．
環境への配慮，エネルギー消費の抑制，あるいは生活空間としての都市の再発見などが，路面電車の意義を再発見させたのだが，Grenoble、Nancy、Strasbourgなどの実験の成功が，1990年になってパリでも路面電車の出現を促したようだ．現在はSaint-DenisからNoisy-le-SecまでのT1とLa DéfenseからIssyまでのT2の2路線が稼動している．2006年秋からは，パリの内環状道路の南側部分にも導入される．

27

バス ● l'autobus

① **conducteur** [コンデュクトゥる] (男) 運転士《**machiniste** [マシニスト] (男/女) ともいう》.
② **portière** [ポるティエる] (女) 扉.
③ **composteur** [コンポストゥる] (男) 改札機械.
④ **siège** [スィエージュ] (男) 座席.
⑤ **colonne** [コロヌ] (女) ポール.
⑥ **appel d'arrêt** [アペルダれ] (男) 停車合図ボタン.
⑦ **plan de ligne** [プランドリニュ] (男) (当該の) 路線図.

  plan de réseau [プランドれゾ] (男) 路線全図.

パリの路線バスは, 2桁の路線番号で系統化された60ほどの路線が, 市内を縦横に走っている. 路線図を地下鉄駅などで貰って活用すれば, パリの見物にはもってこいだろう. 各路線の図は, 停留所abri-busの壁にも, その路線の始発終発時刻や, およその通過間隔などとともに掲示してあるし, バスの中にも示してある. 停留所で乗りたい路線の車が来たら, 手をあげて合図をする. Faire le signe au machiniste. 「運転士に合図をすること」というのが決まりなのだ.

バス停●arrêt d'autobus

《**autobus**》(=**bus**) [オトビュス(ビュス)] (男) バス，乗合バス《市街地の路線バスをいう．観光バス，長距離路線バスは**autocar**(=**car**)という》．
① **arrêt** [アれ] (男) 停留所．
② **panonceau** [パノンソ] (男) （停留所の）表示板．
③ **abri** [アブリ] (男) （屋根のある）停留所《**abri-bus**「アブリビュス」は停留所ユニットの登録商標》．
④ **numéro de ligne** [ニュメロドリニュ] (男) 路線番号．
⑤ **destination** [デスティナスィヨン] (女) 行き先．
⑥ **voyageur(se)** [ヴワヤジュる(ズ)] (男)(女) 乗客．
  impériale [アンペリアル] (女) （バスの）2階席．
  trolley [トろレ] (男) トロリー．

バスには前から乗る．全線1区で，カルト・オランジュのクーポンがなければ，切符1枚が必要だ．回数券がなければを切符を1枚運転士から買う．切符は運転士席の後ろの改札機械のスリットに通して刻印を受ける．降りる時は，ポールにつけられた赤いスイッチを押して合図すると，運転士席の横の電光掲示のArrêt demandéという表示が点灯する．車種によっては，降車扉手前のポールにAppuyer pour ouvrir「開扉には押すこと」と書いたボタンのある場合がある．

高速道路●l'autoroute

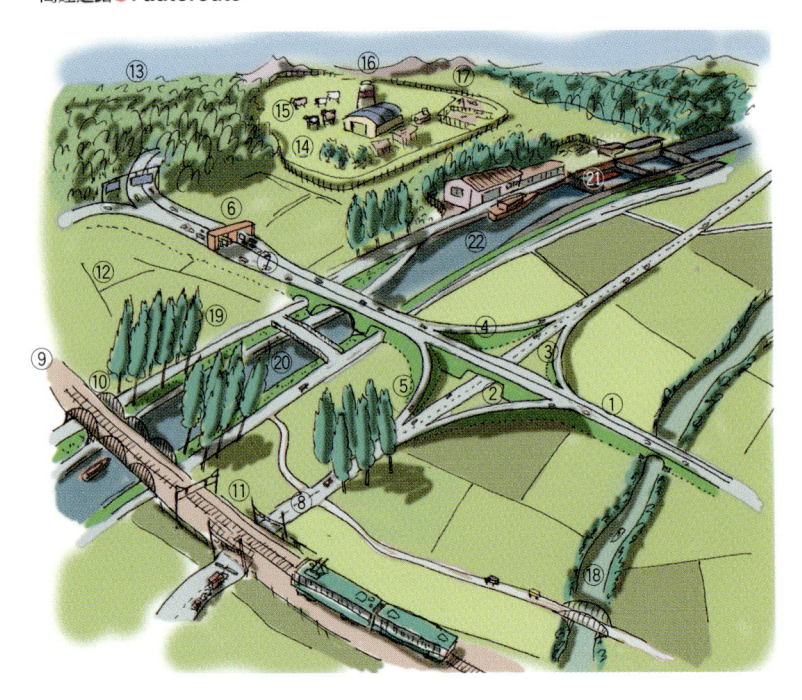

① **autoroute**〉[オトルト]（女）高速自動車道.
② **échangeur**［エシャンジュる］（男）インターチェンジ.
③ **bretelle**［ブるテル］（女）ランプ.
④ **entrée**［アントれ］（女）入り口.
⑤ **sortie**［ソるティ］（女）出口.
⑥ **péage**［ペアジュ］（男）有料道路.〔**gare de**〕～料金所.
⑦ **voiture**［ヴワテュる］（女）自動車.～**de tourisme**乗用車.
⑧ **route**［るト］（女）道路.
　～**nationale**［～ナスィヨナル］国道（略号**N**）.
　～**départementale**［～デパるトマンタル］県道（略号**D**）.
　～**communale**［～コミュナル］市（町，村）道（略号**C**）.

　déviation［デヴィアスィヨン］（女）バイパス，迂回路.
⑨ **chemin de fer**［シュマンドフェる］（男）鉄道.
⑩ **viaduc**［ヴィアデュク］（男）陸橋.
⑪ **passage à niveau**［パサジャニヴォ］（男）踏み切り.
⑫ **champs**［シャン］（男）畑.
　～**de blé**［～ドブレ］小麦畑.
　～**de maïs**［～ドマイス］とうもろこし畑.
　～**de betterave**［～ドベトらヴ］甜菜畑.
　～**de tourne-sol**［～ドトゥるヌソル］ひまわり畑.
⑬ **forêt**［フォれ］（女）森，林.
⑭ **pâturage**［パテュらジュ］（男）放牧地.
⑮ **troupeau**［トるポ］（男）（家畜の）群；羊の群.

高速道路●l'autoroute

⑯ **colline** [コリーヌ] (女) 丘.
⑰ **coteau** [コト] (男) 小さい丘；丘の斜面.
　vignoble [ヴィニョブル] (男) ぶどう畑.
　moulin [ムラン] (男) 風車 (=~**à vent** [ムラナヴァン]).
⑱ **ruisseau** [るュイソ] (男) 川.
⑲ **alignée d'arbres** [アリニェダるブる] (女) 並木.
⑳ **canal** [カナル] (男) 運河.
㉑ **écluse** [エクりュズ] (女) 水門.
㉒ **péniche** [ペニシュ] (女) 川船, 荷船, 平底船.

　chaussée [ショセ] (女) 路面.
　accotement [アコトマン] (男) 路肩.
　terre-plein [テるプらン] (男) ~**central** [~サントらル] 中央分離帯.
　voie [ヴワ] (女) 車線. **route à 3 voies** 3 車線道路.

couloir [クルワる] (男) レーン, 車線. ~d'autobus バスレーン.
ligne [リーニュ] (女) 線, ライン. ~**contignue** [~コンティニュ] (車線変更禁止を示す) 連続線, ~**discontignue** [~ディスコンティニュ] (車線変更可能の) 不連続線.
flèche [フレーシュ] (女) ~**de rabattement** [~ドらバットマン] (原車線への復帰を指示する) カーヴ矢印.
carrefour [カるフる] (男) 十字路.
feu [フ] (男) 信号. ~**rouge** 赤信号. ~**vert** 青信号 (~**bleu** でないことに注意). ~**orange** 黄色信号 (~**jaune** ということもある).
rond-point [ロンブワン] (男) ロータリー《信号がない》(=carrefour giratoire).
virage [ヴィらジュ] (女) カーヴ.
pont [ポン] (男) 橋.
tunnel [テュネル] (男) トンネル.

《**signalisation autoroutière**》[スィニャリザスィヨンオトるティエる] (女) 高速道路標示.

entrée d'autoroute [アントれドトるト] (女) 高速道路入り口.

fin d'autoroute [ファンドトるト] (女) 高速道路出口.

présignalisation [プレスィニャリザスィヨン] (女) 予告表示.

bifurcation autoroutière [ビフュるカスィヨンオトるティエる] (女) 高速道路分岐表示.

confirmation sur autoroute [コンフィるマスィヨンシュろトるト] (女) 確認表示.

avertissement de sortie [アヴェるティスマンドソるティ] (男) 出口告知.

標識パネル●panneaux de signalisation

《**panneaux de signalisation**》［パノドスィニャリザスィヨン］（男複）標識パネル.

《**signalisation routière**》［スィニャリザスィヨンルティエる］（女）道路標識.

《**signaux de danger**》［スィニョドダンジェ］（男複）警戒標識.

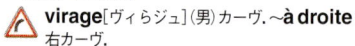

virage ［ヴィらジュ］（男）カーヴ. ～**à droite** 右カーヴ.

succession de virage ［スィュクセスィヨンドヴィらジュ］（男）連続カーヴ.

cassis ［カスィ］（男）窪み, 路面不整合.

ralentisseur ［らランティスる］（男）減速装置《集落の入り口などで路面に不整帯を設けて減速させる. **dos-d'âne** ［ドダヌ］「ロバの背中」とも言う》.

chaussée rétrécie ［ショセれトれスィ］（女）幅員減少.

chaussée glissante ［ショセグリサント］（女）路面滑りやすし.

passage pour piétons ［パサジュプるピエトン］（男）歩行者通路.

endroit fréquenté par les enfants ［アンドろワフれカンテパるレザンファン］（男）小児多し.

passage à niveau ［パサジャニヴォ］（男）踏切.

passage d'animaux sauvages ［パサジュダニモソヴァジュ］（男）野生動物通行《**passage d'animaux domestiques** もあることに注意》.

descente dangereuse ［デサントダンジュるズ］（女）急な下り坂.

risque de chutes de pierres ［リスクドシュトドピエる］（男）落石危険.

《**signaux d'intersection**》［スィニョダンテるセクスィヨン］（男複）交差路標識.

intersection avec priorité à droite ［アンテるセクスィヨンアヴェクプりオりテアドろワ］（女）右方優先道路との交差点.

intersection avec une route non prioritaire ［アンテるセクスィヨンアヴェキュヌるトノンプりオりテる］（女）非優先道路との交差点.

cédez le passage ［セデルパサジュ］先方優先道路

arrêt à l'intersection ［アれタランテるセクスィヨン］（男）交差点一旦停止.

route prioritaire ［るトプりオりテる］（女）優先道路.

fin de route prioritaire ［フェンドるトプりオりテる］（女）優先道路終り.

carrefour à sens giratoire ［カルフアサンスジらトワる］（男）ロータリー交差点《一旦ロータリーに入って周回してから曲っていく交差点. **Vous n'avez pas la priorité**. 「優先権なし」としてあって, いずれの側からも優先権がない》.

《**signaux d'interdiction**》［スィニョダンテるディクスィヨン］（男複）規制標識.

circulation interdite ［スィるキュらスィヨンアンテるディト］（女）通行禁止.

sens interdit ［サンスアンテるディ］（男）一方通行.

interdiction de faire demi-tour ［アンテるディクスィヨンドフェるドミトゥる］（女）Uターン禁止.

interdiction de dépasser ［アンテるディクスィヨンドデパセ］（女）追い越し禁止.

péage : arrêt ［ペアジュアれ］（男）料金所：停止.

stationnement interdit ［スタスィヨヌマンアンテるディ］（男）駐車禁止.

arrêt interdit ［アれアンテるディ］（男）停車禁止.

interdit aux poids lourds ［アンテるディオプワルる］（男）大型車両通行禁止.

interdit aux piétons ［アンテるディオピエトン］（男）歩行者通行禁止.

vitesse limitée ［ヴィテスリミテ］（女）速度制限.

signaux sonores interdits ［スィニョソノるアンテるディ］（男複）クラクション禁止.

priorité au sens inverse ［プりオりテオサンスアンヴェるス］（女）対向車線優先権.

fin d'interdiction ［ファンダンテるディク

32

標識パネル●panneaux de signalisation

スィヨン]（女）禁止区間終了.

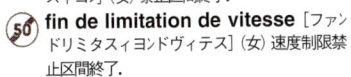

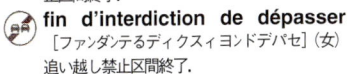

fin de limitation de vitesse [ファンドリミタスィヨンドヴィテス]（女）速度制限禁止区間終了.

fin d'interdiction de dépasser [ファンダンテるディクスィヨンドデパセ]（女）追い越し禁止区間終了.

sortie de zone de stationnement interdit [ソるティドゾヌドスタスィヨヌマンアンテるディ]（女）駐車禁止地域終了.

《**signaux d'obligation**》[スィニョドブリガスィヨン]（男複）指示標識.

direction(s) obligatoire(s) [ディれクスィヨンオブリガトワる]（女）行き先指示.

contournement obligatoire [コントゥるヌマンオブリガトワる]（男）迂回指示.

vitesse minimale obligatoire [ヴィテスミニマルオブリガトワる]（女）最低速度規制.

voie réservée aux autobus [ヴワれぜるヴェオゾトビュス]（女）バス専用車線.

《**signaux d'indication**》[スィニョダンディカスィヨン]（男複）案内標識.

parcage [パるカジュ]（男）駐車場.

hôpital [オピタル]（男）病院.

arrêt d'autobus [アれドトビュス]（男）バス停留所.

vitesse conseillée [ヴィテスコンセイェ]（女）速度指標.

circulation à sens unique [スィるキュラスィヨンアサンスユニク]（女）一方通行路.

chemin sans issue [シュマンサンズィスュ]（男）行き止まり路.

priorité par rapport au sens inverse [プリオリテパるらポるオサンスアンヴェるス]（女）本線優先権あり.

poste de secours [ポストドスクる]（男）救急所.

transports d'enfants [トらンスポるダファン]（男）学童輸送.

localisation de frontière [ロカリザスィヨンドフロンティエる]（女）国境表示《UEの場合》.

《**signalisation temporaire**》[スィニャリザスィヨンタンポれる]（女）臨時標識.

travaux [トらヴォ]（男複）工事.

déviation [デヴィアスィヨン]（女）迂回路.

《**classement des routes**》[クラスマンデるト]（男）道路等級.

autoroute [オトるト]（女）高速道路.

route nationale [るトナスィヨナル]（女）国道.

route départementale [るトデパるトマンタル]（女）県道.

route communale [るトコミュナル]（女）市町村道.

route rurale [るトりゅらル]（女）農道.

route forestière [るトフォれスティエる]（女）林道.

《**localisation**》[ロカリザスィヨン]（女）位置指標.

entrée d'agglomération [アントれダグロメらスィヨン]（女）集落入口.

sortie d'agglomération [ソるティダグロメらスィヨン]（女）集落出口.

《**marques sur chaussée**》[マるクシュるショセ]（女複）路面表示.

ligne franchissable [リニュフらンシサブル]（女）車線変更可能線《この線をまたいで車線変更可》.

ligne infranchissable [リニュアンフらンシサブル]（女）車線変更禁止線《この線をまたいで車線変更不可》.

flèche de rabattement [フれシュドらバトマン]（女）（原車線への復帰を指示する）カーヴ矢印.

地下鉄とバス●le métro et le bus

地下鉄 métro と バス bus

パリの地下鉄は1900年，万国博覧会に際して，マイヨ門porte Maillotからヴァンセンヌ門porte de Vincennesまでの第1号線が建設されて始まった．その後，次々に建設延伸されて，現在では，14路線（枝線がさらに2本），380駅，210キロ余りの総延長があって年間総利用者数は12億人近くにのぼるという．運行しているのはRATP（=Régie Autonome des Transports Parisiensパリ交通営団）〔［エラテペ］と読む〕という会社だ．

1900年以来路線を増やしていった地下鉄だが，その成功は，別の地下鉄会社さえ生み出した．1911年に開業して，モンマルトルとモンパルナスという二つの盛り場をつなぎ，サン=ラザール駅とモンパルナス駅で国鉄に接続し，またコンコルド広場では第1号線にも接続する，現在の12号線は南北線会社le Nord-Sudという別の会社によって運行されたものだった．人気のある路線で，シュールレアリストたちの雑誌の題名にもなった．1930年になって，それ以前からの地下鉄会社に吸収されたが，現在でも，この路線の駅には，NとSを組み合わせたロゴが壁のタイルに残っていたりする．

今では地下鉄路線は番号で呼ばれることが多いのだが，昔は路線の両端の駅の名前で呼ばれた．4番線とは言わず，Porte de Clignancourt-Porte d'Orléans線と言うように．それは，パリの地下鉄には環状線がなく，必ず両端があったからなのだが，70年代以降，終点が郊外の町まで延伸されて名前が複雑になり，さらに枝線が作られなどしたために，番号で区別されるようになった．

RATP会社は，地下鉄のほかに，パリ市内のバス路線すべてを運行している．さらに，この路線網と結ぶ形で，RER（=Réseau Express Régional地域高速鉄道網）と呼ばれるフランス国鉄SNCF（=Société Nationale des Chemins de Fer）の路線も運行されている．そこで，地下鉄とバスの切符は共通で，RERについても，パリ市内部分は同じ切符で利用が出来る．地下鉄もバスも全線一区である．

地下鉄とバスは，今日のパリではなくてはならない交通手段だが，むろんそれに先立つ時代もあったわけだ．19世紀を通じては乗合馬車が大衆輸送手段であった．やがて世紀の半ばすぎから市街電車が少しずつ姿を現す．ちょうど20世紀が始まるころに，乗合馬車が姿を消して市街電車全盛の時代が始まる．しかしこれも長いことではなかった．1930年代にバスが登場し，たちまちに市街電車に取って代わった．面白いことに，現在の市内の路線バスは，しばしば，かつての市街電車（そして乗合馬車）の路線を，同じ番号をつけて走っているようである．

LE SÉJOUR

séjour [セジューる] (男) 滞在；滞在期間.
　～ parisien パリ滞在.
　un ～ de quinze jours 2週間の滞在.

セーヌ河の眺め ●la vue sur la Seine

《**vue sur la Seine**》[ヴュスュルラセヌ]セーヌ河の眺め〔**vue du Pont des Arts** 芸術橋からの眺め〕.

① **Seine**(**la**)[セヌ](女)セーヌ河.
② **Ile de la Cité**(**l'**)[イルドラスィテ](女)シテ島.
③ **Pont-Neuf**(**le**)[ポンヌフ](男)ポン=ヌフ.
④ **Square du Vert-Galant**[スクワるデュヴェるガラン](男)ヴェールガラン広場〔le Vert-GalantはHenri IVのあだな〕.
⑤ **Place Dauphine**[プラスドフィヌ](女)ドフィヌ広場.
⑥ **Statue équestre de Henri IV**[スタテュエケストるドアンりカトる](女)アンリIV世騎馬像.
⑦ **Sainte-Chapelle**(**la**)[サントシャペル]

36

セーヌ河の眺め●la vue sur la Seine

(女) サントーシャペル 聖礼拝堂.
⑧ **Notre-Dame (la cathédrale)** [ノトる ダム] (女) ノートルダム大聖堂(cathédrale は司教または大司教座聖堂).
⑨ **flèche** [フレシュ] (女) 尖塔.
⑩ **Place Saint-Michel** [プラスサンミシェル] (女) サン=ミシェル広場.
⑪ **Place du Châtelet** [プラスデュシャトレ] (女) シャトレ広場.
⑫ **Théâtre de la Ville** [テアトるドラヴィル] (男) 市立劇場.
⑬ **Théâtre du Châtelet** [テアトるデュシャトレ] (男) シャトレ座.
⑭ **Samaritaine (la)** [サマリテヌ] (女) サマリテヌ百貨店.
⑮ **drapeau** [ドらポ] (男) 旗.
⑯ **drapeau français** [ドらポフらンセ] (男) フランス国旗.
⑰ **promenade** [プろムナド] (女) 遊歩道.
⑱ **quai** [ケ] (男) 河岸.
⑲ **bouquiniste** [ブキニスト] (男) 古本屋(人).
⑳ **marronnier** [マろニエ] (男) マロニエ(樹).
㉑ **platane** [プラタヌ] (男) プラタナス.
㉒ **saule** [ソル] (男) 柳. **~ pleureur** [~プルるール] 垂れ柳.
㉓ **embarcadère** [アンバるカデる] (男) 船着場.
㉔ **bateau mouche** [バトムシュ] (男) 遊覧船.
㉕ **péniche** [ペニシュ] (女) 荷船.
㉖ **bateau pompier** [バトポンピエ] (男) 消防船.
㉗ **Pont des Arts** [ポンデザる] (男) 芸術橋(パリ最初の鉄の橋. 人のみを通す遊歩橋なので **passerelle** [パスれル] (歩道橋) **des Arts** ともいう).
㉘ **passant(e)** [パサン(ト)] (男) (女) 通行人.
㉙ **touriste** [トゥリスト] (男/女) 観光客.
㉚ **caméscope** [カメスコプ] (男) ヴィデオ.
㉛ **musicien(ne)** [ミュズィシヤン(エヌ)] (男) (女) 音楽家.
㉜ **orgue de barbarie** [オるグドバるバリ] (男) 手回しオルガン.
㉝ **peintre** [ペントる] (男) 画家；絵描き(人).
㉞ **chevalet** [シュヴァれ] (男) イーゼル.
㉟ **béret** [ベれ] (男) ベレ帽.
㊱ **barbe** [バるブ] (女) あごひげ.

37

ホテル●l'hôtel

《hôtel》［オテル］（男）ホテル.
① hall ［オル］（男）ロビー.
② réception ［れセプスィヨン］（女）受付.
③ réceptionniste ［れセプスィヨニスト］（男／女）受付係.
④ comptoir ［コントワる］（男）カウンター.
⑤ voyageur(se) ［ヴワヤジューる（ズ）］（男）（女）旅行客.
　concierge ［コンスイエるジュ］（男/女）門番，夜番.
　bagagiste ［バガジスト］（男/女）ポーター.
⑥ clef, clé ［クレ］（女）鍵.
⑦ casier ［カズィエ］（男）鍵箱.
⑧ courrier ［クリエ］（男）〔集合的〕郵便物.
⑨ sonnette ［ソネット］（女）呼び鈴.
⑩ stylo à bille ［スティロアビユ］（男）ボールペン.
⑪ tapis ［タピ］（男）マット.
⑫ plante verte ［プラントヴェるト］（女）観葉植物.

38

ホテル●l'hôtel

hôtel［オテル］，この言葉の意味は単純でない．旅宿のほかにも，個人の邸宅の意味も，公共の建物の意味もあるのだ．Hôtel Matignonマティニョン館は，昔の貴族の館で，今は首相官邸だ．Hôtel de la Monnaieは造幣局の建物．Hôtel de Ville（市役所，市庁舎）を町のホテルと誤解する人は，もう居ないだろう．

ホテルの等級を表す星は，規模と設備に従って，政府がつけたものだが，全室バストイレ付きであれば最上級の4つ星デラックスになる．ミシュランなどの民間組織が与える評価はまた別のものだ．

日本から旅行業者が予約するのは，大規模の規格化されたホテルチェーンのこのレベルに限られるだろう．旅先で小さいが気の効いたホテルに泊まりたければ，自分で探すか，土地ごとの観光案内所Bureau d'Information touristique（以前は観光協会Syndicat d'initiativeといったのだが）で探してもらうしかあるまい．田舎の駅前の宿で，De l'eau courante dans toutes les chambres.「全室水道付」と麗々しく書いてあるのを見たのは昔のことだ．

⑬ **applique**［アプリック］(女) ブラケット灯．
⑭ **prospectus**［プロスペクテュス］(男) パンフレット，ちらし．
⑮ **salle à manger**［サラマンジェ］(女) 食堂．
⑯ **carte**［カルト］(女) 献立表．
⑰ **paillasson**［パイヤッソン］(男) 靴拭きマット．
⑱ **maître d'hôtel**［メトるドテル］(男) 給仕長．
⑲ **escalier**［エスカリエ］(男) 階段．
⑳ **aspirateur**［アスピらトゥる］(男) 掃除機．

部屋●chambre

《chambre》[シャンブる] (女) 部屋, 個室, 寝室.
① **lit** [リ] (男) ベッド, 寝台.
② **drap** [ドら] (男) シーツ, 敷布.
③ **couverture** [クヴェるテュる] (女) 毛布.
④ **traversin** [トらヴェるサン] (男) 長枕.
⑤ **oreiller** [オれィエ] (男) 枕.
⑥ **taie** [テ] (女) 枕カヴァー.
⑦ **dessus-de-lit** [ドスュドリ] (男) ベッドカヴァー.
⑧ **sac à main** [サカマン] (男) ハンドバッグ.

⑨ **descente de lit** [デサントドリ] (女) ベッドサイドマット.
⑩ **pantoufle** [パントゥフル] (女) スリッパ. **une paire de~s** [ユヌぺーるド~] スリッパー足.
⑪ **table de nuit** [タブルドニュイ] (女) ナイトテーブル.
⑫ **radio** [らディヨ] (男) ラジオ.
⑬ **téléphone** [テレフォヌ] (男) 電話.
⑭ **applique** [アプリック] (女) ブラケット灯, ウォールライト.

40

部屋●chambre

㉒ **radiateur** [ラディアトゥる] (男) (放熱) 暖房機, ラディエイタ.
㉓ **table** [タブル] (女) テーブル.
㉔ **chaise** [シェズ] (女) 椅子.
㉕ **cendrier** [サンドリエ] (男) 灰皿.
㉖ **valise** [ヴァリーズ] (女) スーツケース.
㉗ **salle de bain** [サルドベン] (女) 浴室.
㉘ **carreaux** [カろ] (男複) タイル床.
㉙ **lavabo** [ラヴァボ] (男) 洗面台.
㉚ **miroir** [ミるワる] (男) 鏡.
㉛ **porte-serviette** [ポるトセるヴィエット] (男) タオルかけ.
㉜ **serviette** [セるヴィエット] (女) タオル. 〜 **éponge** [〜エポンジュ]バスタオル.
㉝ **sèche-cheveux** [セシュシュヴ] (男) ヘアドライヤ.
㉞ **poubelle** [プベル] (女) くずかご.
㉟ **tapis de bain** [タピドベン] (男) バスマット.

㊱ **téléviseur** [テレヴィズる] (男) テレヴィ 〔受像機〕.
　climatiseur [クリマティズる] (男) 冷房器.
　baignoire [ベニョワる] (女) 浴槽.
　robinet [ろビネ] (男) カラン, 水栓.
　douche [ドゥシュ] (女) シャワ.

lampe [ランプ] (女) 灯り, 電灯.
ampoule [アンプール] (女) 電球.
⑮ **interrupteur** [エンテりュプトゥる] (男) スイッチ《簡単には **bouton** [ブトン]とも》.
⑯ **tableau** [タブロ] (男) 絵.
⑰ **moquette** [モケット] (女) (敷き詰め) 絨毯.
⑱ **armoire** [アるムワる] (女) たんす.
⑲ **fenêtre** [フネトる] (女) 窓.
⑳ **poignée** [プワニェ] (女) とっ手.
㉑ **rideau** [りド] (男) カーテン.

> **夏時間** ヨーロッパ各国は, 夏時間を採用している. 1998年からはヨーロッパ連合加盟国は統一して, 3月最後の日曜日午前2時から, 10月最後の日曜日午前3時までを夏時間と定めている. 2006年なら3月26日から10月29日までだ. 夏時間の間は標準時よりも1時間進ませるのだ. 変わり目の日に忘れていると, 汽車に乗り遅れるかもしれない. 日本との時差は, 標準時の冬は8時間, 夏は7時間となる.

朝食 ●petit déjeuner

《**petit déjeuner**》[プティデジュネ] (男) 朝食.
① **bol** [ボル] (男) ボール《大型の碗. 持ち手はないのが普通》.
   tasse [タス] (女) カップ, 茶碗.
② **café** [カフェ] (男) コーヒー. ~ **au lait** [~オレ] ミルクコーヒー, カフェオレ.
③ **lait** [レ] (男) ミルク, 牛乳.
   thé [テ] (男) 紅茶. ~ **au lait** [~オレ] ミルクティー. ~ **au citron** [~オスィトロン] レモンティー.
④ **tartine** [タルティヌ] (女) (切った) パン. ~ **de beurre** [~ドブァる] バタつきパン. ~ **de confiture** [~ドコンフィテュる] ジャムつきパン.
⑤ **croissant** [クるワサン] (男) クロワッサン.
⑥ **beurre** [ブァる] (男) バタ.
⑦ **confiture** [コンフィテュる] (女) ジャム. ~ **de fraises** [~ドフれズ] 苺ジャム. ~ **de prunes** [~ドプりュヌ] すももジャム. ~ **d'oranges** [~ドらンジュ] オレンジジャム.

marmelade [マるムラド] (女) ママレード.
   ~ **de pommes** [~ドポム] 林檎ママレード.
   ~ **d'oranges** [~ドらンジュ] オレンジママレード.
gelée [ジュレ] (女) ゼリー.

ジャムは果実をシロップと煮たもので原型を留めている：ママレードは砂糖漬けにした果実をその砂糖と煮たもので, 原型を残さない：ゼリーは果汁だけを用いてゼリーで固めたもの.

miel [ミエル] (男) 蜂蜜.
⑧ **jus** [ジュ] (男) ジュース, 果汁. ~ **d'orange** [~ドらンジュ] オレンジジュース. ~ **de pamplemousse** [~ドパンプルムス] グレープフルーツジュース. ~ **de raisin** [~ドれザン] ブドウジュース. ~ **de tomate** [~ドトマト] トマトジュース.
⑨ **eau** [オ] (女) 水. ~ **minérale** [~ミネら

朝食 ● petit déjeuner

ル]鉱泉水, ミネラルウオーター. ~ **plate** [〜プラト](炭酸を含まない)非発泡水. ~ **gazeuse** [〜ガズズ]発泡水《発音するときは部分冠詞をつけて **de l'eau** [ドロー〜]というのがいい》.

œuf [ウフ](男)卵. ~ **dur** [〜デュル]ゆで卵. ~ **mollet** [〜モレ]半熟卵. ~**s au plat** [ウオプラ]目玉焼《単数 **œuf** では [ウフ]だが, 複数 **œufs** では [ウ]と発音して **f** を読まないことに注意》.

⑩ **omeletle** [オムレット](女) オムレツ.

⑪ **yaourt** [ヤウーる], **yogourt** [ヨグーる](男) ヨーグルト.

⑫ **cuiller, cuillère** [キュィエール](女) スプーン.

⑬ **fourchelte** [ふるシェット](女) フォーク.

⑭ **couteau** [クト](男) ナイフ.

⑮ **salière** [サリエール](女) 塩入れ.

⑯ **poivrière** [プワヴリエル](女) 胡椒入れ.

⑰ **huilier** [ユィリエ](男) (油と酢の) 小ビン.

昔, イギリスに向かう列車の中で出会ったフランス人の若者は, ひと夏をイギリスで過ごすのは嬉しいといった. なにしろ, 朝の食事がフランスではつまらないから, と.

フランスの伝統的な朝食は, パン (バゲット baguette か, もっと細いフィセル ficel というパン) をたてに二つに割ったものにバタやジャムをつけて, 小ぶりの丼ほどもあるボール bol に入れたミルクコーヒー café au lait と食べるだけのことだった. カフェなどで注文する時には café complet と言った.

若い人にはそれでは物足りなくて, 卵やベーコン, ハムに, キドニー・パイまで出てくるイギリスの朝食は好もしく見えたのだろう.

小さなホテルにはレストランは付属していなくとも, 朝食はさすがに出すが, それがこのカフェ・コンプレだけである. 精々のところがこれにジュースが付くくらいのもの. これは今も変わらない.

しかし最近は, 大きいホテルでは, いわゆるビュッフェ・スタイルで, 大きな卓に用意されたさまざまな食べ物・飲み物を自由に選んで食べるサービス・スタイルが普通になってきたようである.

ジュース類, ハムの類, 卵料理 (ゆで卵 œuf dur か, オムレツ omelette か, スクランブルド・エッグ œuf brouillé), 果物, パンは切ったバゲットか一人分に焼いたコッペパン coupé, クロワッサン croissant, バタ, チーズなどを自由に選んで食べられる. カフェ・オ・レは消化にも肝臓にも悪いということがひところ盛んに言われて, 最近ではミルク・ティー thé au lait にする人も増えているようだ.

美術館●le musée

《musée》[ミュゼ](男) 美術館, 博物館.
① entrée [アントれ](女) 入り口.
② hall d'accueil [オルダクィユ](男) 入り口, ホール.
③ information [アンフォるマスィヨン](女) 案内, 案内所.

ルーヴルといえば，美術館と誰もが思うだろうが，宮殿を思う人もあるうだろう．
ルーヴルには長い変遷の歴史がある．初めはパリの街の西側を守る要塞として建設された．12世紀末から13世紀にかけてのことだ．西からセーヌを遡上してくる恐れのある侵略者に対する備えである．円筒形の天守を囲む四辺形の要塞は，街を取り巻いて建設された防護の市壁のすぐ外側に，置かれた．やがて街が発展成長して，14世紀の半ばに市壁が一回り大きくされたとき，要塞は壁の内側に取り込まれ，無骨一点張りだった要塞も増築され模様替えされて，国王の住処となった．4基の隅櫓の一つの中に，シャルル5世は名高い個人図書室をしつらえた．
戦乱の時代が去ってルネッサンスの16世紀が訪れたとき，西側の辺をなす部分がフランソワ1世とその息アンリ2世のもとでルネサンス様式の建物に変わる．さらに18世紀までの間に，かつての要塞部分は面積にしてほぼ4倍の正方形の中庭を囲む建物群となり，ま

美術館 ●le musée

⑥ **escalier mécanique** [エスカリエメカニック] (男) エスカレーター.
  vestiaire [ヴェスティエる] (男) クローク.
  bagagerie [バガジュり] (女) ロッカー.
  objet-trouvé [オブジェトるヴェ] (男) 遺失物［預かり所］.
  infirmerie [アンフィるムり] (女) 救護室.
  toilettes [トワレット] (女複) 手洗い所, 便所.
⑦ **librairie** [リブれり] (女) 書店.
⑧ **boutique** [ブティク] (女) 売店.
  café [カフェ] (男) 喫茶店.
  restaurant [れストらン] (男) 食堂.
⑨ **fauteuil roulant** [フォトゥィユるラン] (男) 車椅子.

collection permanente [コレクスィヨン ぺるマナント] (女) 常設展示.
exposition temporaire [エクスポズィスィヨンタンぽれる] (女) 特別展示.

④ **billetterie** [ビエトり] (女) 切符売り場.
⑤ **accès aux collections** [アクセオコレクスィヨン] (男) 展示場入り口.

たセーヌの岸辺に向かって翼が張り出し，ここから流れに沿って水辺廊と呼ばれる長いギャラリーが伸び，その先に西を向いた衝立のようなチュイルリーの館が位置した．大革命によってルーヴルが王家の宮殿でなくなったとき，ルーヴルは美術品展示の場所として生まれ変わる．1793年7月のことである．チュイルリー宮殿にはナポレオン1世，3世が居住し，19世紀を通じても修築の手は加えられ，19世紀半ば，第2帝政の時代に北側の長い翼が，水辺廊に対称に築かれてルーヴルは閉ざされた巨大な台形となった．その後，1871年のパリ・コミューヌでチュイルリー宮殿は焼け落ち，再建されることなく撤去されたから，現在見るような，西に向かって大きく開かれた姿が生まれた．北側の一部の翼を占めていた大蔵省を移して，建物の全体を大美術館として再構築する構想がミッテラン大統領のもとで実現して，イヨ・ミン・ペイ Ieoh Ming Pei のガラスのピラミッドが開かれた中庭に現れたのは1989年のことであった．

展示室 ● salle

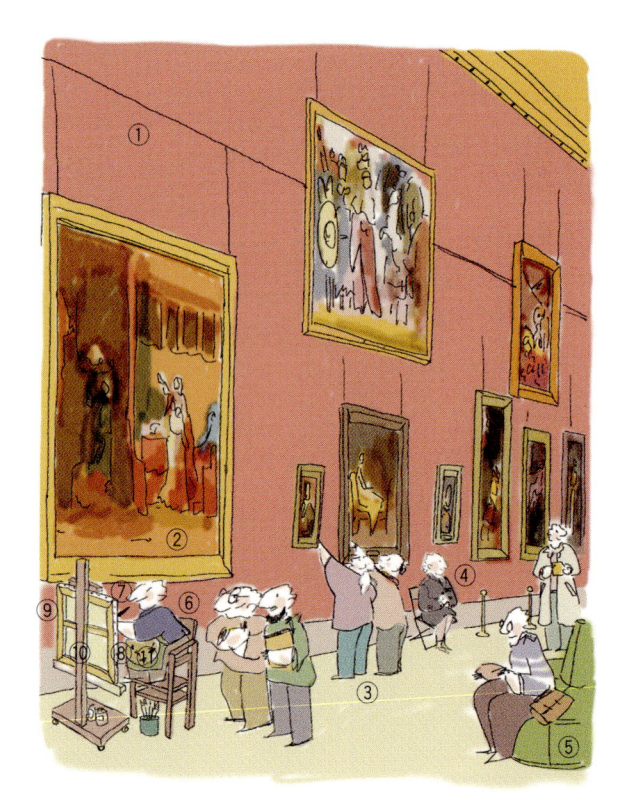

《salle》[サル] (女) 展示室.
① galerie [ガルリ] (女) 画廊.
② tableau [タブロ] (男) 絵画.
　sculpture [スキュルテュル] (女) 彫刻.
③ visiteur(se) [ヴィズィトゥる(ズ)] (男)(女) 見物人.
　guide [ギッド] (男/女) ガイド.
④ gardien(ne) [ガルディヤン(エヌ)] (男)(女) 番人.
⑤ borne [ボルヌ] (女) (円形の) 椅子.
　canapé [カナペ] (男) 長椅子.
⑥ peintre [パントる] (男/女) 画家.
⑦ copie [コピー] (女) 模写, 複写.
⑧ toile [トゥワル] (女) 画布, キャンバス.
⑨ chassis [シャスィ] (男) 枠.
⑩ chevalet [シュヴァレ] (男) 画架, イーゼル.
⑪ palette [パレット] (女) パレット.

《département》[デパるトマン] (男) 部門.
antiquité [アンティキテ] (女) 古代; 古代文明(複数で「古美術品」).
~ orientale [~オリアンタル] 古代オリエント.
~ égiptienne [~エジプスィエヌ] 古代エジプト.
~ grecque [~グれック] 古代ギリシア.

~ **étrusque** [エトりュスク] 古代エトルリア.
~ **romaine** [～ろメヌ] 古代ローマ.
Islam [イスラム] (男) イスラム〔教〕. **art d'**~ [アるディスラム] イスラム美術.

objets d'art [オブジェダる] (男複) 〔美術〕工芸品.
arts décoratifs [アるデコラティフ] (男複) 装飾美術〔品〕.
bijouterie [ビジュトリ] (女) 宝飾品《集合的に》.

《**au musée**》[オミュゼ] 美術館で.
peinture [ペンテュる] (女) 絵画. ~ à l'huile 油彩画, 油絵.
tableau [タブロ] (男) (独立した) 絵画作品.
toile [トワル] (女) (画布に描いた) 絵画.
portrait [ポるトれ] (男) 肖像画.
paysage [ペィザジュ] (男) 風景画.
marine [マリーヌ] (女) 海景.
nature morte [ナテュるモるト] (女) 静物画.
tableau de genre [タブロドジャンる] (男) 風俗画.
histoire [イストワる] (女) 歴史画.
sujets religieux [スュジェるリジユ] (男複) 宗教主題.
annonciation [アノンスィアスィヨン] (女) 受胎告知.
nativité [ナティヴィテ] (女) 御降誕.
adoration [アドらスィヨン] (女) 礼拝. ~ **des bergers** [～デベるジェ] 牧人礼拝. ~ **des** 〔**rois**〕**mages** [～デ〔るワ〕マージュ] 三王礼拝.
crucifixion [クりュスィフィクスィヨン] (女) 磔刑.

peinture à fresque [ペンテュるアフれスク] (女) フレスコ画.
peinture à tempera [ペンテュるアタンぺら] (女) テンペラ画.
aquarelle [アクワれル] (女) 水彩画.
pastel [パステル] (男) パステル画.
dessin [デッセン] (男) デッサン.
esquisse [エスキス] (女) エスキース, 下絵.

estampe [エスタンプ] (女) 版画.
gravure [グらヴュる] (女) (陰刻の) 金属版画. ~ **sur cuivre** [～スュるキュイヴる] (=**chalcographie** [カルコグらフィ]) 銅版画. ~ **au burin** [～オビュらン] (ビュラン刀による) 刀刻版画. ~ **à eau-forte** [～アオフォるト] 腐食版画, エッチング. ~ **à la pointe sèche** [～アラプワントセシュ] ドライポイント. ~ **à la manière noire** [～アラマニエるヌワる] メゾチント.
lithographie [リトグらフィ] (女) (平板の) 石版画.
gravure sur bois [グらヴュるスュるブワ] (女) (凸版の) 木版画.

sculpture [スキュルテュる] (女) 彫刻. ~ **de ronde-bosse** [～ドろンドボス] 丸彫彫刻. ~ **en relief** [～アンるリエフ] 浮彫彫刻.
statue [スタテュ] (女) 彫像, 全身像.
buste [ビュスト] (男) 胸像.
tête [テト] (女) 頭部像.
torse [トるス] (男) (胴のみを表わした) トルソ.
gisant [ジザン] (男) (墓碑の) 仰臥像.
orant [オらン] (男) (墓碑の) 拝跪像.
marbre [マるブる] (男) 大理石.
bronze [ブろンズ] (男) 青銅.
bois [ブワ] (男) 木材.
ivoire [イヴワる] (男) 象牙.
plâtre [プラトる] (男) 石膏.
argile [アるジル] (女) 粘土.

アトリエ●atelier d'artiste

《**atelier d'artiste**》[アトリエダるティスト] (男) 画室, アトリエ.
① **peintre** [パントる] (男/女) 画家.
② **toile** [トゥワル] (女) 画布, キャンバス.
③ **chassis** [シャスィ] (男) 枠.
④ **chevalet** [シュヴァレ] (男) 画架, イーゼル.
⑤ **appui-main** [アピュイメン] (男) (画布に触れないための) 腕杖.
⑥ **palette** [パレット] (女) パレット.
⑦ **godet** [ゴデ] (男) 油壺；絵具溶き皿.
⑧ **brosse** [ブろス] (女) 筆, ブラシ.
⑨ **pinceau** [パンソ] (男) 筆.
⑩ **pincelier** [パンスリエ] (男) 筆洗.
⑪ **couteau** [クト] (男) ナイフ, パレットナイフ.

48

アトリエ●atelier d'artiste

fixatif [フィクサティフ] (男) (木炭・パステルなどの) 固着材, フィクサチフ.
⑰ **modèle** [モデール] (男) モデル. ～ **nu** [～ニュ] 裸体モデル.
académie [アカデミ] (女) (練習のための) 裸体画.
croquis [クロキ] (男) クロッキー.
dessin [デッサン] (男) デッサン.
crayon [クレヨン] (男) 鉛筆.
mine [ミヌ] (女) 黒鉛 (= ～ **de plomb** [～ドプロン]); (黒鉛の) 芯.
porte-mine [ポるトミヌ] (男) 芯挟み.
sanguine [サンギヌ] (女) 赤チョーク.
plume [プリュム] (女) ペン.
encre [アンクる] (女) インク. ～ **de Chine** 支那墨.
fusain [フュザン] (男) 木炭.
⑱ **album** [アルボム] (男) 画帳.
⑲ **carton** [カルトン] (男) 紙挟み.
planche [プランシュ] (女) 平台.

⑳ **selle** [セル] (女) 回転台.
㉑ **mannequin** [マヌケン] (男) 人体模型.

㉒ **presse** [プれス] (女) プレス機, 印刷機.
㉓ **table** [タブル] (女) 印刷台.
㉔ **cylindre** [スィランドる] (男) 回転胴.
㉕ **moulinet** [ムリネ] (男) 回転腕木.
marbre [マるブる] (男) インク台.
rouleau [るロ] (男) (インクの) ローラー.

⑫ **couleurs** [クルる] (女複) 絵具.
⑬ **tube** [テュブ] (男) (絵具の) チューブ.
⑭ **boîte de couleur** [ブワトドクルる] (女) 絵具缶.
⑮ **huile** [ユイル] (女) 油.
⑯ **pastel** [パステル] (男) パステル《画材》; パステル画.

劇場●le théâtre（1）

劇場●le théâtre（1）

《entrée de l'Opéra》［アントレドロペラ］（女）オペラ座入り口.

① **spectateur**［スペクタトゥる］（男）観客《ただし女性観客は**spectatrice**［スペクタトリス］》.

② **contrôleur**［コントロルる］（男）切符切り《ただし女性であれば**contrôleuse**［コントロルーズ］》.

③ **ouvreuse**［ウヴるーズ］（女）案内係《座席まで案内する．男性であれば**ouvreur**［ウヴるール］というが稀》.

④ **vendeur de programme**［ヴァンドゥーるドプろグラム］（男）プログラム売り．

《**Demandez le programme.**》［ドゥマンデルプろグラム］「プログラムをどうぞ」《売り声》

---

saison［セゾン］という言葉をなんと訳したものか．「季節」と言うだけでは充分でない．saison 2005-2006と言えば，芝居や音楽会に関して，2005年から2006年にかけての演奏会次第などと言うことをあらわす．「シーズン」ではスポーツの如くである．しかし，「適期」のニュアンスはあるのだろう．秋から春までが歌舞音曲の出番で，9ヶ月ほどの期間がsaisonである．各劇場・コンサートホールなどが，このsaisonの演目をプログラムとして夏の前に発表する．休暇に出かける前に，シーズンチケットabonnementを予約したりするのが愛好家の仕事となる．

インターネットinternetが普及する以前に，フランスではミニテルminitelという，これも電話回線を使った情報通信télételの端末が広くいきわたっていて，これを使って座席の予約も出来たのだが，それでもまだ，各劇場などを廻ってプログラムを貰って歩くのはある種楽しみであった．今もプログラムは発行されているけれど，インターネットが便利だから，これで普通は間に合わせる．

旅先のつれづれに，「季節」只中でもあるから，何か良いお芝居はあるいは演奏会はないかしらと考えるのなら，パリとその近郊であれば，毎週水曜日（映画の封切り日なのである）発行のPariscopeあるいはOfficiel des spectaclesという，美術・音楽・演劇・映画の情報週刊誌がある．街中に貼られたポスターで気がつくこともある．モリス広告塔Colonne Morrisは今もなお効用を発揮している．

気に入った演目があって，電話に自信がなければ，直接劇場の窓口か，FNACのプレイガイドguichet spectaclesに行けばいい．*F*édération *N*ationale d'*A*chats des *C*adresはフランス最大の家電・書籍等量販と興行案内の組織になった．

51

劇場●le théâtre（2）

劇場●le théâtre (2)

《théâtre》[テアトる](男)劇場.
① manteau d'Arlequin [マントダるルケン]
　(男)(緞帳上部の)飾り垂れ幕.
② rideau [リド](男)緞帳(どんちょう).
　rideau de scène [リドドセヌ](男)袖幕.
　frise [フリス](女)ボーター, 一文字.
③ fosse d'orchestre [フォスドるケストる]
　(女)オーケストラボックス.
④ avant-scène [アヴァンセヌ](男)前舞台, プロセニアム.
⑤ rampe [らンプ](女)フットライト.
⑥ trou du souffleur [トるデュスフルる]
　(男)プロンプターボックス.
　scène [セヌ](女)舞台.
　décor [デコる](男)装置.
　trappillon [トらピヨン](男)せり.
　lointain [ルワンテン](男)遠景, 遠見; ホリゾント.
　éclairage [エクレらジュ](男)照明.
　côté jardin [コテジャるダン](男)下手.
　côté cour [コテクる](男)上手.

⑦ salle [サル](女)客室.
⑧ parterre [パるテる](男)平土間.
⑨ baignoire [ベニュワる](女)1階桟敷.
⑩ balcon [バルコン](男)2階(3階)正面席.
⑪ loge [ロジュ](女)桟敷.
⑫ galerie [ガルリ](女)上部桟敷.

ルーヴルからオペラ通りを進んだ先にシャルル・ガルニエ設計のオペラ座が完成して初演を行ったのは, 1875年のことである. この劇場の建設を決め, 設計案のコンクールまで行ったナポレオン3世の帝国が崩壊して5年後のことである. しかし, ありとあらゆる過去の様式をない合わせて豪華に飾り上げた劇場は, ナポレオン3世時代の好尚を反映している. それは, この時代に成立していったグランドオペラのための劇場でもあったが, また, ようやく地歩を固めつつあったブルジョワ階級の宮殿として, 社交の場として必要でもあったものだ. だからこそ, ヨーロッパの各地に, この時代にオペラ座は多く建設されている. そこでは舞台を見るだけではない. 人は人を見, また自らを人に見せるのであった. 言い換えれば, それは時代の秘めた妄想の顕現の場であった.

1989年, フランス革命200年の記念に(100年の記念はエッフェル塔であった), パリにおける革命の火種と常になってきたアントワーヌ街のはずれバスティーユ要塞の跡地に第2のオペラ座を建設しようとしたことには, だから, 明瞭な意図が見て取れる. 庶民の劇場であろうと言うわけだ. いかにも機能的なだけで, 何の幻想も生まない建築でそれはある.

コンサートホール●la salle de concert

《salle de concert》[サルドコンセる] (女) コンサートホール.
《orchestre》[オるケストる] (男) オーケストラ.
① **chef d'orchestre** [シェフドるケストる] (男) 指揮者.
② **baguette** [バゲット] (女) 指揮棒, タクト.
③ **estrade** [エストらド] (女) 指揮台.
④ **pupitre** [ピュピトる] (男) 譜面台.
⑤ **partition** [パるティスィヨン] (女) 楽譜, スコア, 総譜.

⑥ 《**instruments à cordes**》[アンストゥるュマンアコるド] (男複) 弦楽器.
⑦ **premiers violons** [プるミエヴィオロン] (男複) 第一ヴァイオリン.
⑧ **archet** [アるシェ] (男) 弓.
⑨ **seconds violons** [スゴンヴィオロン] (男複) 第ニヴァイオリン.
⑩ **violoniste** [ヴィオロニスト] (男/女) ヴァイオリニスト.
⑪ **altos** [アルト] (男複) ヴィオラ.
⑫ **altiste** [アルティスト] (男/女) ヴィオラ奏者.
⑬ **violoncelles** [ヴィオロンセル] (男複) チェロ.
⑭ **violoncelliste** [ヴィオロンセリスト] (男/女) チェリスト.
⑮ **contrebasses** [コントるバス] (女複) コントラバス.
⑯ **contrebassiste** [コントるバスィスト] (男/女) ベーシスト.
⑰ **harpes** [*アるプ] (女複) ハープ.
⑱ **harpiste** [*アるピスト] (男/女) ハープ奏者.

⑲ 《**instruments à vent**》[アンストゥるュマンア

54

コンサートホール●la salle de concert

ヴァン］（男複）管楽器.
⑳ **bois** ［ブワ］（男複）木管楽器.
㉑ **flûtes** ［フリュト］（女複）フルート.
㉒ **flûtiste** ［フリュティスト］（男／女）フルート奏者.
㉓ **hautbois** ［*オブワ］（男複）オーボエ.
㉔ **hauboïste** ［*オボイスト］（男／女）オーボエ奏者.
㉕ **clarinettes** ［クラリネット］（女複）クラリネット.
㉖ **clarinettiste** ［クラリネッティスト］（男／女）クラリネット奏者.
㉗ **bassons** ［バッソン］（男複）ファゴット.
㉘ **bassoniste** ［バッソニスト］（男／女）ファゴット奏者.
㉙ **cors anglais** ［コーるアングレ］（男複）イングリッシュ・ホルン.

㉚ **cuivres** ［キュイヴる］（男複）金管楽器.
㉛ **cors** ［コー る］（男複）ホルン.
㉜ **corniste** ［コるニスト］（男／女）ホルン奏者.
㉝ **trompettes** ［トろンペット］（女複）トランペット.
㉞ **trompettiste** ［トろンペティスト］（男／女）トランペット奏者.
㉟ **trombones** ［トろンボヌ］（男複）トロンボーン.
㊱ **tromboniste** ［トろンボニスト］（男／女）トロンボーン奏者.
㊲ **tubas** ［テュバ］（男複）チューバ.
㊳ **tubiste** ［テュビスト］（男／女）チューバ奏者.
saxophones ［サクソフォーヌ］（男複）サクソフォーン.
saxophoniste ［サクソフォニスト］（男／女）サクソフォーン奏者.

コンサートホール●la salle de concert

㊴《**percussion**》[ぺるキュスィヨン] (女) パーカッション, 打楽器.
㊵ **percussionnste** [ぺるキュスィヨニスト] (男／女) 打楽器奏者.
㊶ **timbales** [タンバル] (男複) ティンパニ.
㊷ **timbalier** [タンバリエ] (男／女) ティンパニー奏者.
㊸ **grosse caisse** [グロスケス] (女) 大太鼓.
㊹ **caisse claire** [ケスクレる] (女) 小太鼓.
㊺ **cymbales** [サンバル] (女複) シンバル.
㊻ **xylophone** [グジ (クシ) ロフォヌ] (男) 木琴.
㊼ **tam-tam** [タムタム] (男) 銅鑼.
triangle [トリヤングル] (男) トライアングル.
castagnettes [カスタニェット] (女複) カスタネット.

piano [ピヤノ] (男) ピアノ. ～ **à queue** [～アク] グランドピアノ.
pianiste [ピヤニスト] (男／女) ピアニスト.
soliste [ソリスト] (男／女) 独奏者；独唱者.
chœur [クール] (男) 合唱隊.

《**chanteur**》[シャントゥる] (男) 歌手.
cantatrice [カンタトリス] (女) 女性歌手.
soprano [ソプらノ] (女) ソプラノ歌手.
mezzo-soprano [メゾソプらノ] (女) メゾソプラノ歌手.
contralto [コントらルト] (男／女) アルト歌手.
ténor [テノる] (男) テノール歌手.
baryton [バリトン] (男) バリトン歌手.
basse [バッス] (女) バス歌手.
contre-ténor [コントるテノる] (男) カウンターテナー歌手.

《**groupe de rock**》[グるプドロック] (男) ロックバンド.
guitare [ギタる] (女) ギター. ～ **électrique** [～エレクトリック] 電気ギター.
guitariste [ギタリスト] (男／女) ギタリスト, ギター奏者.
synthétiseur [サンテティズる] (男) シンセサイザー.
chanteur(se) [シャントゥる (ズ)] (男／女) 歌手.
micro [ミクろ] (男) マイク.
batterie [バットリ] (女) ドラムス.
batteur [バットゥる] (男) ドラマー.
choristes [コリスト] (男複／女複) コーラス.
sono [ソノ] (女) 拡声装置 (=**sonorisation** [ソノリザスィヨン]).

《**musique ancienne**》[ミュズィク・アンスィエンヌ] (女) 古楽.
clavecin [クラヴサン] (男) ハープシコード.
flûte à bec [フリュタベク] (女) リコーダー.
viole [ヴィオル] (女) ヴィオル, ヴィオラ・ダ・ガンバ.
viel [ヴィエル] (男) ハーディーガーディー.
luthe [リュト] (女) リュート.

《**Jazz**》[ジャズ] (男) ジャズ.
batterie [バトリー] (女) ドラムス.
piano [ピャノ] (男) ピアノ.
saxophone [サクソフォヌ] (男) サキソフォン.
basse [バス] (女) ベース.
vibraphone [ヴィブらフォヌ] (男) ヴァイブラフォーン.
trompette [トろンペット] (女) トランペット.

コンサートホール●la salle de concert

「旅人は美術館に行く」という警句を吐いた人がある．美術館であれ，博物館であれ（フランス語でなら等しくmuséeである），いかにも旅人は足を運ぶ．そのために，パリと近郊の国立美術館連合加盟の美術館無料入場お好み次第の，美術館パスCarte Musée（1日券から5日間券まである）というものがあって，人々はこれを片手に飛び回ることが出来る．

芝居・音楽会となると，なぜかそれほどの需要はないようだ．しかし，なるほど芝居となると，台詞がわからなければと気も進まないかもしれないが，音楽会なら言葉は要らない．オペラだとて，筋さえわかれば楽しめるだろう．何よりも，S席10万円などという値段ではない．パリのオペラ座だとて，一番高くて150ユーロ（2004/2005年）〔2万円ほど〕，安い席なら35ユーロだから，気軽に楽しめる．

パリでなら，2つのオペラ座のほかにも，オペラ・コミック座l'Opéra-Comiqueが1912年開場して数多くの名舞台を生み出してきたシャンゼリゼ劇場Théâtre des Champs-Elysées，シャトレ広場のシャトレ座Théâtre du Châtelet (Théâtre musical de Paris)がオペラを上演している．コンサートなら，これもシャンゼリゼ劇場とシャトレ座のプログラムは充実している．パリ管弦楽団は本拠にしていたプレイエル・ホールが全面改装に入ってからはモガドール座Théâtre Mogadorで演奏を続けている．

ダンスなら，これもオペラ座のバレエがあるし，シャトレ座と向かい合うパリ市立劇場Théâtre de la Villeのプログラムの中心はモダンダンスだ．

むろんこれらの大きな劇場以外にも，数多くの舞台spectaclesが日毎夜毎に演じられている．さらにコンサートには，教会で行われるものが少なからずあって，石造りの大きな空間は残響もあって音がいいから，思いがけない名演奏に出会うことも少なくない．マドレーヌ寺院la Madeleine，聖ウスターシュ教会Saint-Eustache，聖ジェルマン=デプレ教会Saint-Germain-des-Prés，聖セヴラン教会Saint-Séverinなどは演奏会の多い教会だ．

ロックコンサートの中心は，ヴィレットla ViletteのゼニットZénithだ．

演劇だとて，食わず嫌いになる必要はない．それに国立の劇場は高くない．コメディー・フランセーズLa Comédie françaiseの1等席が特別公演で44ユーロ（2004/2005年）〔6千円ほど〕，安い席は10ユーロ．モリエールやラシーヌのいわば定番というべき舞台を見られるのだ．ほかにも国立劇場を与えられて公演活動をしているいくつもの劇団があるし，あるいは，19世紀以来の伝統のある，グラン=ブールヴァール沿いのいくつもの劇場では，ウェルメイドプレイと言うべき演し物がいくつも出ていて，しかも映画でおなじみの俳優たちはそういう舞台でも活躍しているのだ．

ヴォージュ広場●Place des Vosges

《Place des Vosges》[プラスデヴォージュ]（女）ヴォージュ広場《17世紀はじめにアンリ4世によって設けられた広場。当初は **la Place Royale**［プラスるワヤル］と称した。ヴォージュ広場の名前は、大革命時に最初に革命政府に税を支払ったヴォージュ県を称えて1800年につけられた》.

① **grille**［グリユ］（女）鉄柵.
② **rangée d'arbres**［らンジェダるブる］（女）並木.
③ **fontaine**［フォンテヌ］（女）泉水, 噴水.
　statue［スタテュ］（女）彫像.
　piédestal［ピエデスタル］（男）（彫像の）台座.
④ **banc**［バン］（男）ベンチ.
⑤ **voiture d'enfant**［ヴワテュるダンファン］

ヴォージュ広場●Place des Vosges

パリに最初の広場として計画して作られたのはヴォージュ広場place des Vosgesである．パリ市域の東のはずれ，バスティーユ要塞のすぐ内側に，王家は土地を所有していたが，その土地のトゥルネル館で，アンリ2世が槍試合の結果の死を遂げると，妃カトリーヌは建物を取り壊させた．中世以来の狭隘な街区のただ中のその跡地に，美しい広場を作ろうと考えたのはアンリ4世である．1605年に着工し1610年の王の死後になって完成した．

正方形の広場の周囲は，同じ外観で統一された36棟が取り巻いている．工期も長く工費もかかる総石造りを避けて，隅石には切石を使い，壁面には赤い煉瓦を充て，切り立った屋根には青みがかった天然スレートの黒を頂いた建物の列は，軽やかなリズムを見せる．

当初は王の広場place Royaleと呼ばれたが，革命時に，租税の納入で最初に革命政府を支えた県の名をとって今の名前になった．

パリ市街地に都市計画の与えられた端緒と言っていいこの広場に続いて，シテ島西端の王宮庭園跡にドーフィーヌ広場place Dauphineも同じ様式で造られた．

17世紀から18世紀にかけては，国王にささげて，あるいは王の主導で，ヴィクトワール広場place des Victoires，ヴァンドーム広場place Vendôme，ルイ15世広場place Louis XV（革命時には革命広場place de la Révolution，のちにコンコルド広場place de la Concorde）などが建設された．

（女）乳母車《高い位置に座席のあるものをいう．座の低いベビーカーは**poussette**［プセット］と呼ばれる》．
⑥ **poussette**［プセット］（女）ベビーカー．
 nurse［ヌルス］（女）乳母，子守．
⑦ **nourrisson**［ヌリソン］（男）乳児，赤ん坊．
⑧ **nounours**［ヌヌルス］（男）熊のぬいぐるみ．

バスティーユ広場●**Place de la Bastille**

《**Place de la Bastille**》[プラスドラバスティユ](女) バスティーユ広場(14世紀末に作られた市壁の東端に設けられた要塞ラ・バスティーユ〔後に監獄となり1789年7月14日に市民の襲撃の対象となった〕の跡. 要塞の位置は路面に白い敷石で示されている》.

① **la Colonne de Juillet** [ラコロヌドジュイエ](女) 7月革命記念碑(1830年7月に, 王政復古を倒して7月王政を生んだ革命の記念碑. 犠牲者の遺骨が基礎に埋葬されて, その名が円柱のブロンズに刻まれている》.

② **le Génie de la Liberté** [ルジェニドラリベ

バスティーユ広場●**Place de la Bastille**

パリは古代から繰り返し城壁を身にまとってきた．ガリアの民の城市（オッピドム）であるリュテシアの時代はさておいても，ローマ時代末期にはシテ島が壁に守られ，13世紀初めには市の右岸・左岸ともに城壁を持ち，さらに14世紀末には右岸のみが一回り大きい城壁をめぐらした．西の備えがルーヴルであれば，東の方，恐るべき神聖ローマ帝国に向かう東の門は強力な要塞を持ってこれを固めた．これがサン＝タントワーヌ門外のバスティーユの砦すなわちla Bastilleである．

1789年7月14日，西のアンヴァリッドles Invalides（ルイ14世が造った傷病兵の収容施設）の武器倉を襲った市民が，さらに火薬を求めて襲ったのが，1670年以来城壁は取り壊されても監獄として残っていた，このバスティーユであった．

ほどなく取り壊された要塞を偲ぶのは，現在のバスティーユ広場西側の路面に舗石で示された輪郭と，地下鉄5番線のホームに残る濠の東外郭の石組みの名残のみ．広場中央の青銅の柱は1830年7月の革命の記念碑la Colonne de Juillet．

るテ〕（男）自由の守り神《記念碑の円柱の頂に立つ金色の像》．

③ **l'Opéra de Paris-Bastille**〔ロペラドパリバスティユ〕（男）バスティーユ・オペラ座《フランス革命200年記念に建設され1990年に開場》．

Canal Saint-Martin〔カナルサンマルタン〕（男）サン＝マルタン運河《広場の下を通る》．

bassin de l'Arsenal〔バサンドゥルスナル〕（男）アルスナル港《広場の下をくぐり抜けた運河がつくる水面，ここを経て流れはセーヌ河に入る．ヨットなどの繋留港》．

凱旋門●l'Arc de Triomphe

① 《**Arc de Triomphe**》［アるクドトリヨンフ］（男）凱旋門．
② **Départ des Volontaires** ［デパるデヴォロンテる］（男）「義勇兵の出発」《彫刻家フランソワ・リュードFrançois Rudeの作品．Les Marseillaises ［レマるセイエズ］とも呼ばれる》．
③ **tombeau du soldat inconnu** ［トンボデュソルダエンコニュ］（男）無名戦士の墓《1921年に安置された、第一次世界大戦の無名戦士の墓》．
④ **Flamme du Souvenir** ［フラムデュスヴニる］（女）記念の炎《無名戦士の墓にともされる》．
⑤ **terrace** ［テらス］（女）屋上．

凱旋門 ●l'Arc de Triomphe

凱旋門Arc de Triompheは，戦勝した軍隊を迎える門だ．それはしばしば仮設のものとして作られた．また戦勝凱旋の記念碑として建造されもした．17世紀後半に廃止されたパリの城壁跡に作られたサン=ドニ門Porte Saint-Denisとサン=マルタン門Porte Saint-Martinもルイ14世戦勝記念の凱旋門である．

ナポレオンがチュイルリ宮殿の門として，ローマのセウェリウス帝凱旋門を模して1806年から作らせたのが，ルーヴル宮の中庭に現存するカルーゼル凱旋門l'Arc de Triomphe du Carrousel.

これと同時に，ナポレオン軍の栄光のために建造が決められたのが，シャイヨのエトワールと呼ばれた市門広場の凱旋門．チュイルリ宮殿と庭園から西に広がる，馬車用の遊歩庭園で，17世紀末から造営が始まり，18世紀に人気の広まったシャンゼリゼLes Champs-Elyséesを，シャイヨの丘まで上り詰めたところに設けられた，5本の道が集まる星型広場がエトワールであった．

工事は難航し，やがてナポレオンの失墜後は建設が中断され，7月王政下の1836年にようやく完成した．ナポレオンの遺灰cendresがこの門をくぐって帰国したのは1840年である．

今日では12本の大通りが放射状に発する見事な星型ロータリーの中心にそびえるのが，正面右のフランソワ・リュードの群像彫刻などで飾られた高さ50メートルの堂々たる大凱旋門である．

集合住宅 ● l'immeuble

① 《**immeuble**》[イムブル](男) 集合住宅. ～ **haussmannien** [～オスマニヤン] オスマン様式建築.
② **façade** [ファサド](女) 正面.
③ **rez-de-chaussée** [れドショセ](男) 地上階, 1階.
④ **boutique** [ブティク](女) 商店.
⑤ **entresol** [アントルソル](男) 中2階.
⑥ **porte** [ポるト](女) 扉, 戸口. ～**cochère** [～コシェる] 馬車入口.
　　étage [エタージュ](男) 階. **premier**～ [プるミエ～] 2階, **troisième** ～ [トるワズィエム～] 4階. ～ **noble** [～ノーブル] 2階《中2階の上の階高の高い階, バルコニーを配する》. (p.66参照)
⑦ **balcon** [バルコン](男) バルコニー. ～**filant** 通しバルコニー《窓ごとにではなく, その階全体に通したバルコニー. 3階と5階に配されることが多い》.
⑧ **store** [ストる](男) (昇降式の) 日除け.
⑨ **rotonde** [ろトンド](女) (曲線の外壁を持つ) 隅部屋.
⑩ **bow-window** [ボゥウインドウ](男) 出窓, 張出し窓.
⑪ **mansarde** [マンサるド](女) 折勾配の屋根, 屋根裏部屋.
⑫ **lucarne** [リュカるヌ](女) (屋根裏部屋の) 小窓.

集合住宅 ● l'immeuble

⑬ **zink** [ゼンク] (男) (屋根葺用の) 亜鉛, 亜鉛屋根.
⑭ **cheminée** [シュミネ] (女) 煙突.
⑮ **arbre** [アるブる] (男) 樹木. alignement d'～並木.
　grille d'arbre [グリユダるブる] (女) (街路樹の根元におく) 保護格子.

《**mobilier urbain**》[モビリエユるベン] (男) 市街家具, アーバンファーニチュア.
⑯ **réverbère** [れヴェるベる] (男) 街灯.
⑰ **lanterne** [ランテるヌ] (女) (街灯の) ランプ.
⑱ **fontaine wallace** [フォンテーヌヴァラス] (女) ワラス水栓.
⑲ **colonne morris** [コロヌモリス] (女) モリス広告塔.
⑳ **banc** [バン] (男) (街頭の) ベンチ.

65

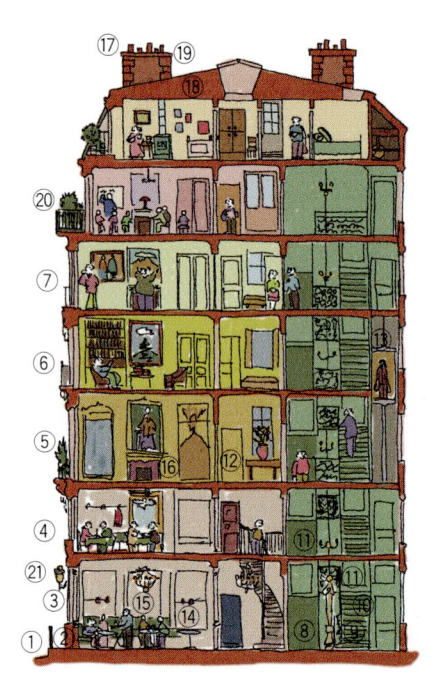

集合住宅 ●l'immeuble

《immeuble》［イムーブル］(男)〔共同〕建築(住宅・事務所の集合；(特に)集合住宅).

① chaussée ［ショセ］(女) 車道.
② trottoir ［トロトワる］(男) 歩道.
③ rez-de-chaussée ［れドショセ］(男) 地上階(日本流にいう1階).
④ entre-sol ［アントるソル］(男) 中2階. étage ［エタージュ］(男) 階(地上階より上に配される階を言う).
⑤ premier étage ［プるミエれタジュ］(男) 1階(日本流に言う，2階).
⑥ deuxième étage ［ドゥズィエメタジュ］(男) 2階(日本流に言う，3階).
⑦ troisième étage ［トるワズィエメタジュ］(男) 3階(日本流に言う，4階).
chambre ［シャンブる］(女) 室. 〜de service使用人室(昔は〜de bonne「女中部屋」と言った. 多く最上階に設けられて，escalier de service裏階段で各階に通じた).
⑧ entrée ［アントれ］(女) 入り口. halle d'〜入り口ホール.
⑨ escalier ［エスカリェ］(男) 階段. cage d'〜階段室. 〜de service 裏階段.
⑩ balustrade ［バリュストらド］(女) (階段の) 手すり.
⑪ palier ［パリェ］(男) 踊り場；(階段の) 折り返し.
⑫ vestibule ［ヴェスティビュル］(男)(各戸の) 玄関；玄関室.
⑬ ascenseur ［アサンるル］(男) エレヴェーター. cage d'〜エレベーターケージ. cabine d'〜 (エレベーターの) 籠.
⑭ restaurant ［れストラン］(男) レストラン；食堂.
⑮ salle ［サル］(女) 店内；客室. 〜à l'étage 階上席.
⑯ cheminée (1) ［シュミネ］(女) 暖炉.
⑰ cheminée (2) ［シュミネ］(女) 煙突. socle de〜 (煙突の) 台.
⑱ toiture ［トワテュる］(女) 屋根組.
⑲ toit ［トワ］(男) 屋根.
⑳ balcon ［バルコン］(男) バルコニー.
㉑ réverbère ［れヴェルベーる］(男) 街灯.

集合住宅 ● l'immeuble

1860年，パリはナポレオン3世の帝政下で拡張される．1780年に定められて，パリの市域を決定するとともに，入市関税の取立てを厳しくさせて，悪評の元となっていた徴税総請負人の壁 Mur des Fermiers généraux と，1841年から45年にかけて建造された防衛上のパリ城壁（現在の外郭環状線の位置に当たる）との間に挟まれた，周辺自治体がパリ市に組み込まれることになったのだ．
市域面積は3800ヘクタール増えて7000ヘクタールを越え，住民数も40万増加して170万に近づいた．
周辺にはまだ田園を残し，中心部では中世以来の狭隘な道路と老朽した建物がひしめき合い，水利は悪く，下水も乏しい非衛生な市街のままのこのパリを，近代国家の首都たるにふさわしく改造することが，セーヌ県知事に任命されたオスマン男爵の任務となった．
陽光と空気を通し，交通の幹線となる幾多の大通りを開き，公園を設け，都市の下部構造を作ることで，それはあった．

近代都市としてパリを改造すること，それはまた同時に，パリの建築に，新しい姿を与えることでもあった．
新しい街路の整備に併せて，建築の基準も変わる．1859年の条例によって，20メートルを越える大通りに面した建物は，軒蛇腹の高さが20メートルに達することが認められた．さらに，45度を越えない角度で折り返された屋根を持つ屋上階が許された．ただし，地上階の上，軒までの間には中2階も含めて5層以上の階を設けてはならない．新たな大通りに面する新たな建築群が，この規制の中で設計を競ったことは言うまでもない．この時期の建物には，入り口近くの外壁に建築家の名前が刻まれていることがしばしばだ．
こうして，今日までパリ中心部の市街の正面のみならずスカイラインまでをも決定した町並みが生まれた．
1階には商店が入る．中2階そして2階．この階が階高も高く最も良い階とされる．その階には，鍛鉄のバルコニーが設けられる．そのうえに，規制の許す限りの階が置かれるが，屋根の下の最上階にも連なったバルコニーが置かれるのが慣わしだ．そして屋根裏部屋．これは通常は各階のアパルトマンの勝手口から裏階段に続き，使用人たちの住まいとなる．

ルネサンスの館●l'Hôtel particulier Renaissance

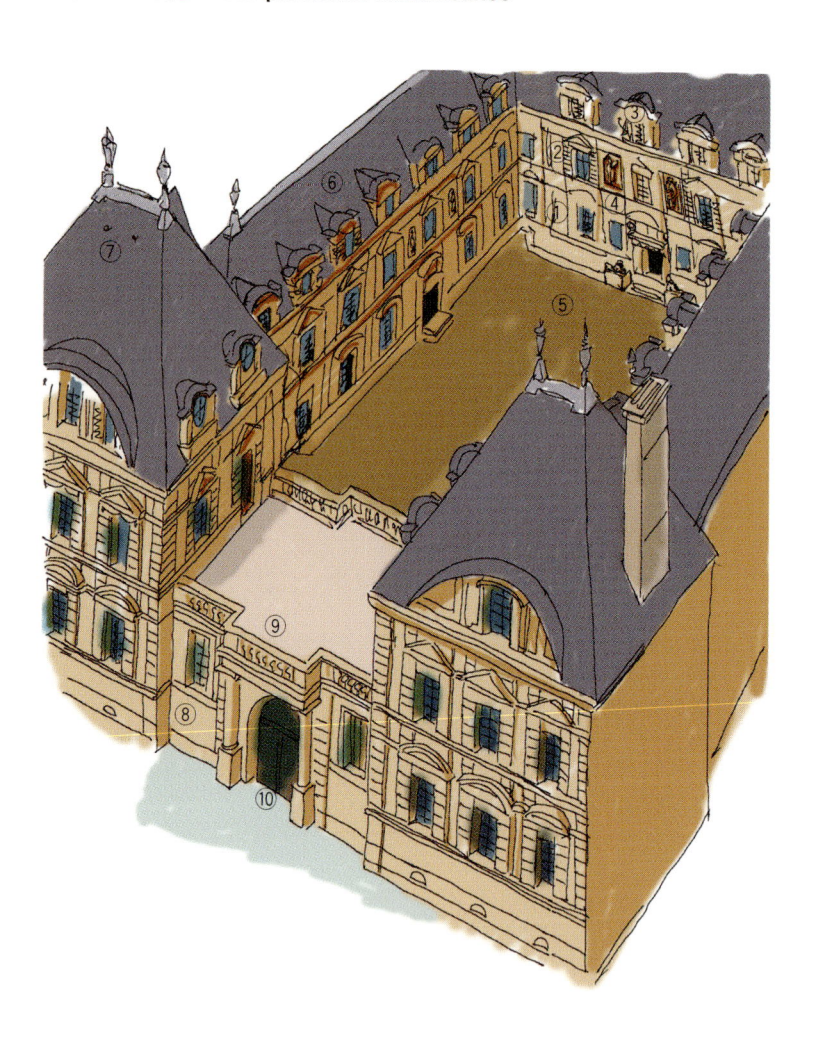

ルネサンスの館 ●l'Hôtel particulier Renaissance

《Hôtel de Sully》[オテルドスュリ] (男) シュリーの館 (17世紀初めの建造だが, ルネサンスの様式を残す).
① **logis** [ロジ] (男) 本屋 (ほんおく), 母屋.
② **fronton** [フロントン] (男) 切妻, ペディメント.
③ **lucarne** [リュカルヌ] (女) 屋根窓.
④ **bas-relief** [バルリエフ] (男) 薄浮き彫り.
⑤ **cour d'honneur** [クルドヌる] (女) 前庭.
⑥ **aile** [エル] (女) 翼, 翼屋 (よくおく).
⑦ **pavillon** [パヴィヨン] (男) 別棟*.
⑧ **corps d'entrée** [コルダントれ] (男) 入口屋**.
⑨ **balustrade** [バリュストらド] (女) 欄干***.
⑩ **portail** [ポルタユ] (男) 入口.

* 中庭を包むように本屋から前に伸びる翼屋の道路側にある建物.
** 両側の **pavillons** から中庭をふさぐように伸びる, 低い建物.
*** **corps d'entree** の上の手すり.

マレ地区 le Marais は, ロワイヤル広場 (現ヴォージュ広場) の造営によって高級住宅街となった. 今日でも, 16世紀から17世紀の貴族あるいは裕福な市民の邸宅が残されている.

1544年に建設されたカルナヴァレ館 Hôtel Carnavalet は, 中庭に面した本屋 (ほんおく) の壁の浮彫りとともに, ルネサンス様式の館の代表である.

またシュリーの館 Hôtel de Sully も, 17世紀に入ってからの建設でありながら, 16世紀の様式をよく伝えている.

3層の本屋 (2階の外壁には浮彫り) と同じ高さの側翼が前庭を包んで前に伸び, それが道路に面する位置にはやや大きい方形の翼館が配される. その間には1層でテラス状の屋根を持つ入り口翼があって, 前庭を閉ざしている.

本屋は中央に折り返し階段が設けられ, その下を奥の庭に抜けると, 庭のはずれには温室と言うべきオランジュリ Orangerie がある. 右側の小翼の扉を入ると, ヴォージュ広場に抜けられる.

パサージュ ●le passage

① 《passage》［パサージュ］(男) アーケード
　(=〜 couvert［〜クヴェる］).
② charpente［シャるパント］(女) 屋根. 〜
　métalique［〜メタリック］鉄骨構造.
③ verrerie［ヴェるり］(女) ガラス張り.
④ applique［アプリック］(女) ブラケット灯.
⑤ enseigne［アンセーニュ］(女) 看板.
⑥ boutique［ブティク］(女) 店舗.
⑦ carreau［カろー］(男) タイル張りの床.

パサージュ●le passage

アーケードpassage (= passage couvert) は単にアーケード一般であるのではなくて、パリの建物の歴史の、ある一つの時代に結びついている。アーケードが作られるようになるのは1789年革命の直前からだが、大多数は1815年に始まる王政復古期とそれに続く七月王政（1848年まで）の時代に建造されている。馬車などの交通の激しい大通りを結ぶ、ガラス屋根の歩行者専用通路で、派手やかな意匠の装飾のなかに、時代の先端を行く商店、レストランなどが並んだ。

アーケードが流行した理由は、アーケードの姿そのものに現れている。当時の市街は、街路もまだ広くはなく、歩道を備えた道路はほとんどなく、街頭の照明も充分ではなかった。街路には、大通りであればなおさらに、馬車が疾駆して、歩行者は難渋したし、街路の泥濘は歩行者の靴を汚した。だからこそ、大通りから大通りへと、いわば裏道をたどることを可能にし、最新流行の商品をゆっくりと眺めることができ、しかもそこには雨も降りこまず、冬には風もさえぎって暖かいとあれば、人々が集まるのは当然だった。舞踏会に、劇場に、アーケードは通じていた。営業する側は、もちろんのこと、その利便性の改善に熱心だった。1817年にはパノラマ・アーケードにいち早くガス灯が取り入れられたと言う。

であるからこそ、19世紀の後半になって、市街の再開発と整備が進み、新しく開削された大通りが、歩道と並木を備え、明るく街灯に照らされるようになると、その魅力は低減して、顧みられなくなっていったのだろう。

すでに取り壊されたアーケードもある中で、マドレーヌ寺院から、レピュブリック広場にいたる大通りGrands Boulevardsの両側、そしてその周囲に、今日もなお残り、当時の賑わいを偲ばせるいくつかを挙げておこう。

パノラマ・アーケードPassage des Panoramas　パノラマ館とヴァリエテ座の間にはじまり四通八達のアーケード〔1799年開場〕。

ジュフロワ・アーケードPassage Jouffroy　パノラマ・アーケードとブールヴァールを挟んで向かい合う〔1847年〕。北に進むとヴェルドー・アーケードPassage Verdeau〔1847年〕に続いている。

ヴィヴィエンヌ・ギャラリーGalerie Vivienne　パレ＝ロワヤルle Palais-Royalの北側に道を隔てて作られたアーケード〔1826年〕。隣接するコルベール・ギャラリーGalerie Colbert〔1826年〕とともに最近復元改装された。

ショワズール・アーケードPassage Choiseul　すこし西側に、むしろ庶民的な雰囲気を持つアーケード〔1827年〕。

ヴェロ＝ドダ・ギャラリーGalerie Vero-Dodat　ルーヴル通りのすぐ西にある、往時の内装をよく残すアーケード〔1826年〕。

墓地 ●le cimetière

《**cimetière**》［スィムティエール］(男) 墓地.
① **tombe** ［トンブ］(女) 墓.
② **tombeau** ［トンボ］(男) 墓碑.
③ **pierre tombale** ［ピエるトンバル］(女) 墓石.
④ **inscription** ［エンスクリプスィヨン］(女) 墓碑銘 (＝～ tombale).
⑤ **caveau** ［カヴォ］(男) (家族などの) 地下埋葬廟.
mausolée ［モゾレ］(男) 墓廟.
columbarium ［コロンバリヨム］(男) 納骨堂.
crématorium ［クレマトリヨム］(男) 火葬場.
⑥ **allée** ［アレ］(女) 通路.
monument aux morts ［モニュマンオモる］(男) 慰霊碑.

墓地 ●le cimetière

パリ市には，大小合わせて20箇所の墓地がある．その中でも大きいペール=ラシェーズPère-Lachaise，モンマルトルMontmartre，そしてモンパルナスMontparnasseの3箇所がそれぞれ東，北，南の墓地として定められたのはナポレオン時代の1804年である．当時，これらの墓苑は，パリ市のすぐ外周と言うべきところに設けられたのであった．現在はさらに市の内外に併せて20箇所の墓地を市は持ち，ほかに市内6箇所に市所有でない墓地があると言う．中世から近世を通じてパリ最大の墓地は，現在のフォロム・デ・アルForum des Hallesの位置に当たるイノサン教会墓地Cimetière des Saints-Innocentsであり，ほかに各教区の教会に墓地があった．これらは革命直前に廃止され，掘り出され集められた骨は，モンルージュの石切り場と呼ばれた採掘場跡の地下回廊に収められた．現在「カタコンブ」Catacombesと呼ばれるのがそれだが，本来のカタコンブでないことは言うまでもない．

ボードレールやモーパッサン，そしてサルトル，ボーヴォワールの墓があるのがモンパルナス．永井荷風が椿姫の墓を訪ねたのはモンマルトルだが，右岸東の丘に広がるペール=ラシェーズは44ヘクタールで最大の規模を持ち，また5300本の樹木緑なす公園の美しさでも知られ，アベラールとエロイーズからトニ・モリソン，サラ・ベルナールからピアフまで，幾多のパリ名士の奥津城（おくつき）である．

中世の城市●la cité médiévale

《Cité médiévale》[スィテメディエヴァル]（女）中世の城市.
① **citadelle** [スィタデル]（女）城砦〔の町〕.
② **rempart** [らンパーる]（男）城壁.
③ **fossé** [フォセ]（男）濠.
④ **porte** [ぽるト]（女）門. 〜**fortifiée** 城門.
⑤ **pont** [ポン]（男）橋　〜**dormant**［〜ドるマン］固定橋《〜**levis**［〜ルヴィ］「跳ね橋」の対》.
⑥ **tour** [トゥる]（女）塔.
⑦ **bastion** [バスティヨン]（男）稜堡, 隅櫓.
⑧ **chemin de ronde** [シュメンドろンド]（男）（城壁上の）巡察路.

中世の城市 ● la cité médiévale

ガリア・ローマ時代と呼ばれる古代の終わりから，集落は周囲に壁をめぐらした．ゲルマン民族の移動が始まって，その脅威が感じられるようになったからである．やがてフランスは，そのゲルマンの一族であるフランク族の支配するところとなっていく．中世を通じて，都市は城壁rempart(=〔mur d'〕enceinte) を持って防御の備えとした．パリであれば，4世紀にシテ島にめぐらされた壁のあと，12世紀の末から建造が始まるフィリップ＝オギュストPhilippe-Augustの壁，14世紀後半のシャルル5世Charles Vの壁，さらに17世紀前半に北側の壁を拡張したルイ13世の壁．

パリの城壁は1670年に廃止されたが，古い城壁そのもの，あるいはその痕跡を残す町は少なくない．中でも知られるのは，南フランスの，2重の城壁を備えたカルカッソンヌCarcassonneだろうが，パリの近くでも，サンリスSenlisには古代末の城壁が残るし，プロヴァンProvinsには，12世紀から建設された城壁の西側部分が残されている．

地方都市 ●la ville de province

《ville de province》［ヴィルドプロヴァンス］(女) 地方都市.
① **grande rue** [グ랑ドリュ] (女) 大通り.
② **mairie** [メリ] (女) 町役場.
  beffroi [ベフロワ] (男) 物見櫓.
③ **place de la Mairie** [プラスドラメリ] (女) 役場前広場.
  statue [スタテュ] (女) 彫像.
④ **église** [エグリーズ] (女) 教会.

marché couvert [マルシェクヴェる] (男) 市場.
fontaine [フォンテヌ] (女) 泉水, 噴水.
gare [ギャる] (女) 駅. 〜 SNCF [〜エスエヌセエフ] 国鉄駅《SNCFはSociété nationale des chemins de ferの略号》.
place de la gare [プラスドラギャる] (女) 駅前広場.

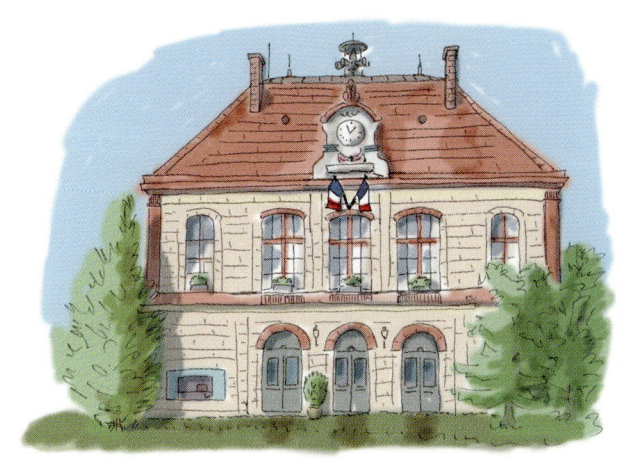

地方都市●la ville de province

mairie [メリー] (女) (市・町・村) 役場.

かつて市壁を廻らしたような，つまり中世から続く町であれば，壁は取り払われたとしても，その時代からの構造を町の姿に留めているものだ．
市壁には外部への街道ごとに城門が設けられていた．そこから市の中心に向かって道が続くだろう．そして市の中心には，広場があって，その広場にはときに向かい合って，教会と役場がある．広場では日を決めて市marchéが立つであろう．木組みの屋根charpenteをもつ常設の市の建物が残されているかもしれない．
広場の中央には，銅像が立っているだろう．土地出身の偉人か．それと背中合わせに，慰霊塔Monument aux mortsがあるかも知れない．第一次世界大戦が奪った土地の若者たちの記憶だ．
近隣の最も大きい町へ向かう門に続く街路が，町の目抜き．その道には，銀行があるはずだ．そしてひときわ大きく大規模スーパーgrande surfaceがあるなら，19世紀後半に地場資本で作られた百貨店の建物の名残かも知れないのだ．
19世紀の前半以降，鉄道が町々を結んだ時，駅は多く市壁の外，町外れに設けられた．20世紀後半の50年で町々は新たに大きく発展した．かつての市壁の跡には周回道路が作られ，駅との間に新しい町が形成されている．大きな駐車場もある．自動車道路網にこの道は結ばれているが，町に無縁の旅行者は城門に続く道には入らずに通り過ぎていく．そのほうが古い記憶を今も生きる町には安穏だろう．

77

中世の家 ●la maison du moyen âge

《maison du moyen âge》[メゾンデュムワヤナジュ] (女) 中世の家.
① **toit** [トワ] (男) 屋根.
② **ardoise** [アルドワズ] (女) 天然スレート.
③ **pignon** [ピニョン] (男) 切妻.
④ **lucarne** [リュカルヌ] (女) 屋根窓.
⑤ **poulie** [プリ] (女) 滑車.
⑥ **colombage** [コロンバジュ] (男) ハーフティンバー, 木組み壁.
⑦ **sablière** [サブリエる] (女) 軒桁.
⑧ **encorbellement** [アンコるベルマン] (男) 持ち出し.
⑨ **corbeau** [コるボ] (男) 持ち送り.
⑩ **potelet** [ポトレ] (男) 小梁.
⑪ **décharge** [デシャるジュ] (女) 筋交い.
⑫ **auvent** [オヴァン] (男) 軒庇.
⑬ **étal** [エタル] (男) (中世の) 陳列台.
⑭ **poteau** [ポト] (男) 柱.
  chapiteau [シャピト] (男) 柱頭.
  soupirail [スピらユ] (男) (地下室の) 空気抜き.
⑮ **caniveau** [カニヴォ] (男) 排水溝.

中世の家●la maison du moyen âge

中世の町並は細い街路に面して，狭い間口の建物が並んでいた．その名残を，時に古い町に見ることが出来る．階ごとに前に張り出した持ち出し構造encorbellementで作られ，持送りcorbeauがこれを支える．壁は木組みを見せて隙間は漆喰あるいは煉瓦で埋めたハーフティンバーcolombage. 正面の柱，柱頭には彫刻が施されることがある．屋根は傾斜の強い切妻．ものを商う店であれば，外壁に陳列台étalが設けられ，頭上には張り出しauventがさしかけられる．これらはしばしば，夜には引き上げ，引き下ろされて開口部を閉ざす．さらに軒からは看板enseigneが通りに張り出す．文字ではなく図柄が描かれるのが普通だ．
狭い通りは中央が低くなり，そこに塵埃を集めて下水が流れる．
パリに残る中世からルネサンスの時期の町屋は，フランソワ・ミロン通りrue François Miron（N°11-13），ヴォルタ通りrue Volta（N°3），モンモランシィ通りrue Montmorency（N°51）など．

La place Plumerau à Tours　トゥールのプリュムロ広場

料理●la cuisine／地方料理●spécialités régionales

《**spécialités régionales**》［スペシャリテれジヨナル］（女複）地方料理.

un village perché de Provence　プロヴァンスの丘上村落

bouillabaisse［ブイヤベス］（女）ブイヤベス
《地中海産の魚介類を用いたマルセイユ風のスープ》.

料理●la cuisine／地方料理●spécialités régionales

choucroute [シュクるート]（女）シュークルート《酢漬けキャベツと肉，ソーセージ類の炒め盛り合わせ．アルザス料理》．

un village entouré de vignoble en Alsace　ブドウ畑にかこまれたアルザスの村

料理●la cuisine／地方料理●spécialités régionales

cassoulet [カスレ]（男）カスレ《インゲン豆とソーセージを中心とした煮込み料理．ラングドックLaingue d'Oc地方の名物》．

pot-au-feu [ポトフ]（男）ポトフ《野菜と肉の煮込み．もとリヨン地方の料理》．

coq au vin [ココヴェン]（男）コックオバン《鶏のワイン煮込み．ブルゴーニュBourgogneなどで親しまれる料理．通常は赤ワインを用いるが，アルザスでは白ワイン》．

料理●la cuisine／地方料理●spécialités régionales

escargot [エスカルゴ]（男）エスカルゴ《ぶどうの葉につく陸生巻貝．にんにくバタをつめてオーブン焼きにする》．
pince à escargot [パンサエスカルゴ]（女）エスカルゴばさみ．

bœuf bourguignon [ブフブルギニョン]（男）ブフブルギニョン《「ブルゴーニュ風牛肉」の意．赤ワイン仕立てのビーフシチュウ》．

plateau de fruits de mer [プラトドフリュイドメる]（男）海の幸盛り合わせ《生牡蠣などの貝類と甲殻類の盛り合わせ》．

料理●la cuisine／地方料理のメニュ●menu des pays

menu des pays [ムニュデペィ]（男）地方料理のメニュ.
　各地方の料理の特色を生かして定食メニューにしたててみると，たとえば次のようになるかも知れない．それにご当地ワインをそえてみよう．

- **Alsace** [アルザス]アルザス地方
    - **Soupe à l'oignon** [スプアロニョン]たまねぎスープ
    - **Choucroute** [シュクるト]シュークルート
    - **Tarte aux cerises** [タるトオスリズ]さくらんぼのタルト
    - **Vin blanc** [ヴァンブラン]アルザスの白ワイン
- **Provence** [プロヴァンス]プロヴァンス地方
    - **Soupe au pistou** [スプオピストゥ]にんにく入り野菜スープ
    - **Bouillabaisse** [ブイヤベス]魚介スープ
    - **Salade de fruits** [サラドドフリュイ]フルーツサラダ
    - **Côtes-du-Rhône** [コトデュろヌ]コートデュローヌの赤ワイン
- **Périgord** [ペリゴる]ペリゴール地方
    - **Salade au foie gras** [サラドオフワグら]サラダ，フォワグラ添え
    - **Confit de canard** [コンフィドカナる]鴨の油漬け
    - **Pruneaux à l'armagnac** [プリュノアラるマニャク]スモモのアルマニヤク酒漬け
    - **Bordeaux rouge** [ボるドるジュ]ボルドーの赤ワイン
- **Normandie** [ノるマンディ]ノルマンディー地方
    - **Galette aux champignons et à la crème** [ガレットオシャンピニョンエアラクれム]きのことクリームのクレープ
    - **Galette aux épinards et œufs** [ガレットオゼピナるエウ]ほうれん草と卵のクレープ
    - **Crêpe aux pommes flambées au calvados** [クれプオポムフランベオカルヴァドス]りんごのクレープ，カルヴァドス酒のフランベ
    - **Cidre** [スィドる]シードル《発泡りんご酒》

    ＊日本では等しく，クレープと称するが，塩味の料理としてはガレット，砂糖味のお菓子としてはクレープと呼ぶ．また，ガレットはしばしば **galette de sarasin** [～ドサらザン]「そば粉のガレット」が好まれる．またノルマンディーではぶどうが生産されないのでりんご酒が伝統的．
- **Bourgogne** [ブるゴニュ]ブルゴーニュ地方
    - **Escargots à la Bourguignonne** [エスカるゴアラブるギニョヌ]ブルゴーニュ風かたつむり《にんにくバター焼き》
    - **Bœuf bourguignon** [ブフブるギニョン]ブルゴーニュ風牛肉
    - **Crotin de Chavignol** [クろタンドシャヴィニョル]シャヴィニョルのクロタンチーズ
    - **Bourgogne rouge** [ブるゴニュるジュ]ブルゴーニュの赤ワイン

ワイン●le vin

Alsace (blanc)　Bordeau (rouge)　Bordeau (blanc)　Provence (rosé)　Bourgogne (rouge)　Champagne

vin [ヴェン] (男) ぶどう酒, ワイン. ～rouge [～るージュ]赤ワイン. ～blanc [～ブラン] 白ワイン. ～de Bordeau [～ドボるド] (=bordeau)ボルドーワイン. ～de Bourgogne [～ドブるゴニュ] (=bougogne) ブルゴーニュワイン. ～de Provence [～ドプろヴァンス]プロヴァンスワイン. ～d'Alsace [～ダルザス] アルザスワイン. ～de Champagne[～ドシャンパニュ](=champagne) シャンパン酒. なお産地ごとに, 瓶の形も異なる.

bouteille [ブティユ] (女) 瓶, ボトル.

通常は750ml. (フランスでは75cl. と表すのが普通)だが, 半分のdemi [ドゥミ]のほかに, 2本分入るmagnum [マグノム], 4本分のjéroboam [ジェロボアム], はては16本分のbalthazar [バルタザる], 20本分のnabuchodonosar [ナビュコドノゾる]までの大瓶も存在する. はなはだしい大瓶は例外として, 保存の点からすれば, マグノム, ジェロボアムが通常瓶よりも適していると言われる.

goulot [グロ] (男) (瓶の) くび, 頸.
capsule [カプスュル] (女) 口金.
bouchon [ブション] (男) 栓.

ワインの栓の材質としてはliège [リエージュ] (男) 「コルク」が最良という.

① **tire-bouchon** [ティーるブション] (男) 栓抜き. ～**limonadier** ソムリエナイフ.
② **taste-vin, tâte-vin** [タストヴェン, タートヴェン] (男) (利き酒用の)杯《錫か銀が最良とされる》.

cru [クリュ] (男) 産地；銘醸.

ラベルに示されているcruとは, 本来は, 特定の「土地」, つまり葡萄の生育する土地=畑を意味する. そこから, 銘酒を産する土地を示し, 転じて, その土地から産出される銘酒を指すことになった. **grand**～[グラン～]；**premier**～[プるミエ～]；～**classé** [～クラセ]などの呼称があるが, それぞれ厳密な法的な規定に従って, 使用が限定されている名醸の品位の称. ただし, 「クリュ」が用いられるのは, ボルドー地方とブルゴーニュではChablisシャブリだけである. ブルゴーニュでは代わって**climat** [クリマ]が, 各地域の細分化された耕作地名称として用いられる.

ワイン●le vin

CHÂTEAU
LATOUR SAINT-MAXIMIN
③ PREMIER GRAND CRU CLASSÉ
④ CHAPELLE-DE-BOMPARD
⑤ Appellation Chapelle-de-Bompard Contrôlée
⑥ 2002
⑦ François Legendre – Propriétaire à Bompard (France)
⑧ MIS EN BOUTEILLE AU CHÂTEAU
⑨ 12,5% vol. ⑩ 75cl.
PRODUIT DE FRANCE   PRODUCT OF FRANCE

固有名詞を含めて, 架空のラベルです.

① **étiquette** [エティケット] (女) ラベル, レッテル.
② **nom de cru** [ノンドクリュ] (男) 産地名称.
③ **classement** [クラスマン] (男) 等級.
④ **dénomination catégorielle** [デノミナスィヨンカテゴリエル] (女) 種別名称.
⑤ **A.O.C.** [アオセ]＝**Appellation d'Origine Contrôlée** [アペラスィヨンドリジヌコントロレ] (女) 原産地統制名称《法によって統制されて, 産地と品質を保証されているワインであることの証明. レッテルにAppellation xxxxxx Contrôlée (xxxxxxに産地が示される) と記される》
⑥ **millésime** [ミレズィム] (男) 製造年度, 産年. bon～出来のよい年.
⑦ **embouteilleur** [アンブティユる] (男) 瓶詰をおこなった者.
⑧ **lieu de la mise en bouteille** [リユドラミザンブティユ] (男) 瓶詰の場所.
⑨ **volume** [ヴォリュム] (男) アルコール度数.
⑩ **quantité** [カンティテ] (女) 量.

verre [ヴェる] (男) グラス, 杯. ～**à vin** ワイングラス.

グラスも産地ごとのワインの特長を生かすために, 独自の形を持っている.

① **flûte** [フリュト] (女) (シャンパーニュ用のフルート杯.
② **verre à vin d'Alsace** [ヴェらヴァンダルザス]
③ **coupe** [クプ] (女) (シャンパーニュ用の) 広口杯.
④ **verre à beaujolais** [ヴェらボジョレ]
⑤ **verre à bourgogne** [ヴェらブるゴニュ]
⑥ **verre à bordeaux** [ヴェらボるド]
⑦ **bord** [ボる] (男) (グラスの) ふち, 縁 《**buvant** [ビュヴァン] とも》.
⑧ **coupe** [クプ] (女) (グラスの) 胴 《**paraison** [パれゾン] とも》.
⑨ **jambe** [ジャンブ] (女) (グラスの) 脚, ステム 《**tige** [ティジュ] とも》.
⑩ **pied** [ピエ] (男) (グラスの) 台, 足.

L'HISTOIRE

histoire [イストワる] (女) 歴史；物語；出来事.
～ de France フランスの歴史.

城 ●le château

《château》［シャト］(男) 城．城館．**château fort**［～フォる］要塞．
① **mur d'enceinte**［ミュるダンサント］(男) 城壁．
② **douve**［ドゥヴ］(女) 水濠（＝fossé）．
③ **braie**［ブれ］(女) 防護柵．
④ **pont**［ポン］(男) 橋．～dormant固定橋．
⑤ **pont-levis**［ポンルヴィ］(男) 跳ね橋．
⑥ **porte**［ポるト］(女) 門．
⑦ **poterne**［ポテるヌ］(女) 忍び戸，隠し門．
⑧ **herse**［エるス］(女) 落し格子．
⑨ **tour**［トゥる］(女) 塔；櫓（やぐら）．
⑩ **tour de guet**［～ドゲ］見張り櫓．
⑪ **tour d'angle**［～ダングル］隅櫓．
⑫ **tour flanquante**［～フランカント］(壁から張り出した) 壁櫓．
⑬ **poivrière**［プワヴりエる］(女)（円錐屋根の）望楼．

城 ●le château

⑭ **donjon** ［ドンジョン］（男）櫓；天守.
⑮ **beffroi** ［ベフロワ］（男）物見.
⑯ **créneau**（複～**x**）［クレノ］（男）狭間(凹部).
⑰ **merlon** ［メルロン］（男）狭間(凸部).
⑱ **embrasure** ［アンブらズュる］（女）銃眼.
⑲ **mâchicoulis** ［マシクリ］（男）出し狭間，石落し.
⑳ **échauguette** ［エショゲット］（女）物見台.
　 hourd ［ウる］（男）（木組みの）張出し櫓.
㉑ **courtine** ［クるティヌ］（女）稜堡壁.
㉒ **chemin de ronde** ［シュマンドロンド］（男）巡察路.
㉓ **meurtrière** ［ムるトリエる］（女）狭間；銃眼.
　 archère ［アるシェる］（女）矢狭間.
　 arbalétrière ［アるバレトリエる］（女）弩（いしゆみ）狭間.
㉔ **barbacane** ［バるバカヌ］（女）銃眼，狭間.
㉕ **bretèche** ［ブるテシュ］（女）（石落しなどのある）張出し.
㉖ **logis** ［ロジ］（男）居住棟.
㉗ **chapelle** ［シャペル］（女）礼拝堂.

中世の城では階段は必ず螺旋階段 escalier en colimaçon である．建物の本体に組み込まれることもあるが，むしろ外側に張り出して取り付けられていることがしばしばである．ごく狭い，人一人がやっと通れる階段室は，ところどころに狭間でもある小窓があるだけの，頑丈な石の塔屋の中に収められている．下からは，普通は時計回りに上がっていく．この回転の向きは，上から防戦する時に都合が良いのだ．
ともあれ，折り返し階段が現れるのは，ルネサンス期の城になってからのことだ．それもはじめは，ブロワの城の中庭にひときわ目立つ，フランソワ1世の階段のように，すでにイタリアの影響で，外壁は取り払われてむき出しになった階段手すりは見事な装飾彫刻に飾られていても，階段そのものはまだ螺旋状で母屋の外側に設けられているという場合がある．これはゴティック最後期の作品と言っていいだろう．それが，ルーヴル宮殿の，ピエール・レスコ Pierre Lescot が作った，現在では方形中庭 la Cour Carrée 西翼の南半分の位置にある建物．これはフランソワ1世の時代に始められて，アンリ2世の時に出来たものだが，この建物の階段（Escalier Henri II）は，立派な飾り天井を持ち，その天井の上面が階段面になるという方式の，折り返し階段になっている．
シャンボールの城には，名高い二重螺旋の大階段がある．螺旋階段ではあってもこれは明らかにルネサンスの産物である．フランソワ1世の招きによってフランスにやってきたレオナルド・ダ・ヴィンチの創意に基づくといわれるこの階段は，本屋の中心にあって，大きな回転半径と開放的な手すりを持ち，しかも，上りと下りが重ねられて，人々は互いに出会うことなく移動することが出来るようになっているのだから．

ルネサンスの城 ●le Château Renaissance

《Château Renaissance》[シャトるネサンス](男) ルネサンスの城.

① **corps de logis** [コるドロジ] (男) 本屋.
② **aile** [エル] (女) 翼.
③ **tour** [トゥール] (女) 塔, 塔屋.
④ **tour lanterne** [トゥーるランテヌ] (女) 明り塔.
⑤ **tourelle** [トゥれル] (女) 小塔.
⑥ **fronton** [フろントン] (男) 切妻, ペディメント.
　gâble [ガブル] (男) 装飾切妻.
　pignon [ピニョン] (男) 切妻壁.
⑦ **lucarne** [リュカるヌ] (女) 屋根窓.
⑧ **balustrade** [バリュストらド] (女) 手すり, 欄干.
⑨ **corniche** [コるニシュ] (女) 軒蛇腹.

ルネサンスの城 ●le Château Renaissance

ロワール河流域に王侯貴族の城砦あるいは城館が多く造営されるようになるのは15世紀からのことである.
そもそも,シェールle Cher,アンドルl'Indre,ヴィエンヌla Vienneという支流を集めながら西へと向かう,フランス最大の河ロワールla Loireは,中世を通じて,フランスの北と南の文化の境界をなし,また12世紀にはアンジェAngersに本拠を持つアンジュー伯Comte d'Anjouの力が最も伸長して,この地方はフランス王家との勢力の拮抗のなかで発展してきた.百年戦争の結果イギリスの勢力が一掃され,さらにアンジュー家の領地もフランス王家に帰属した15世紀末から,温暖で豊かなこの地方に,王の宮廷もしばしば滞在し,また居館が営まれるようになったのであった.

(城) 内部●l'intérieur

《intérieur》[アンテリユる] (男) [建物の] 内部.
《chambre》[シャンブる] (女) 私室.
① plafond [プラフォン] (男) 天井. ~français [~フランセ] フランス式天井.
② poutre [プトる] (女) 梁.
③ solive [ソリヴ] (女) 根太 (ねだ).
④ cheminée [シュミネ] (女) 暖炉.
⑤ blazon [ブラゾン] (男) 紋章.
⑥ tapisserie [タピスリ] (女) 綴れ織, タペストリー.
⑦ lit [リ] (男) 寝台, ベッド.
⑧ baldaquin [バルダカン] (男) 天蓋.

（城）内部 ●l'intérieur

城の内部の石の壁は，むきだしのままでは，威圧感さえあって落ち着かない．いや，それだけでなく，実際に石壁の部屋は，冷たく，湿度があって，住むにはむしろ適さないと言っていい．だから，大きな暖炉に火が焚かれた．壁一杯の大きな暖炉，その中には人が入って暖をとるための席を両側に設けられた暖炉さえある．そうやって暖め湿度をおそれた室内の壁には，タピスリー tapisserie（英語のタペストリー．日本語では綴れ織り）が一面に掛けまわされた．

暖炉 cheminée はまた，調理のための装置でもある．城の台所には，巨大な暖炉が残されているのを見ることが出来る．

天井は，太い梁 poutre が渡され，その上にそれよりは細い，直交する梁が重ねられて，さらにその上に板を張ると，それが上の階の床になる．この天井が一面の模様で彩色されるのは，ルネサンス以降のことだ．

照明も，燭台 chandelier が唯一の光源．昼間は外光を利用するために，厚い外壁の幅だけ，窓辺に座席が設けられもした．

室内に，家具調度は少ない．椅子，卓，寝台．その寝台も，冷たい床からは高く，しかも，仰臥できる長さはなくて，上半身は起こして床に就いた．

たんすの類は，中世にはまだない．大きく重い長持ち coffre が，貴金属から下着にいたるまで，大事なものをすべて収めるための，ほとんど唯一の道具であった．

⑨ **coffre** ［コフる］（男）長持ち．
⑩ **chandelier** ［シャンドリエ］（男）燭台．
　 chandelle ［シャンデる］（女）蠟燭（ろうそく）．

93

歩廊●la galerie

《galerie》［ガルリ］(女) 歩廊.
① **tapisserie** ［タピスリ］(女) タペストリー, 綴れ織.
② **dallage** ［ダラージュ］(男) 陶板敷きの床.
③ **cariatide** ［カリアティド］(女) 人像柱.
④ **tribune** ［トリビュヌ］(女) 階上席, 階廊.
⑤ **plafond** ［プラフォン］(男) 天井.
⑥ **baie** ［ベ］(女) 開口部；(開口部の) ふところ.

歩廊 ● la galerie

中世からルネサンスにかけての城館の様式を見ようとするならば、ブロワBloisを訪ねるに若くはない。南側にロワール河を望む高台に、中庭を囲んで、13世紀以降に造営された建物が連なっているからである。
なかでも、フランソワ1世の翼と呼ばれる一棟は、フランス中世的要素を螺旋階段やその装飾などに残しながらも、イタリアの影響を如実に見せるルネサンス建築として堂々たる石造の棟であり、しかも軽やかなリズムをもつ。それに相対するように、15世紀末の2つの翼が、煉瓦と切り石の紅白のリズムを見せ、また西側の翼は、17世紀の古典主義的なむしろ冷たいたたずまいである。
ルネサンス以降の城は、城砦としての施設を捨てて開口部の多い軽やかな姿となる。
イタリアの影響で、外部空間と内部を結ぶアーケードarcade、ロッジアloggiaをもち、内部空間も、タピスリーに代わって木の装飾パネルboiseriesが壁を覆うようになり、絵画が飾られるようになる。天井も、初めは梁と天井板が彩色装飾され、次第に格間をもつ天井装飾が行われ、そこにはやがて天井画が描かれるようになっていく。
さらに暖炉は小さくなって壁の中に埋め込まれ、その上に設けられた鏡は、空間をさらに奥深いものとしているかのようだ。

サロン●le salon

フランスの城châteauと一口に言っても，むろんのこと，それぞれに異なっている．殊に，時代によって，建造物としての姿も，内部の様子もさまざまである．特におぼえておきたいのは，中世（15世紀まで）の戦のための要塞としての城，そしてルネサンス（16世紀）以降の居館としての城とでは，その姿が違うこと．ロワール河流域の城として名高いシャンボールChambord，シュノンソーChenonceau，アゼ＝ル＝リドーAzay-le-Rideauなどはいずれもイタリアの影響がフランスに入ってきてからの，豪奢な生活の場としての城館である．そこには，攻撃に対して身を鎧うような防御の設備はもはやない．それに対して，同じロワール河沿いでも，アンジェAngersの城は，13世紀に建造された城で，したがって要塞としての構造を持っている．

日本の現在残されている戦国から江戸時代の城は，見かけの姿の違いを越えて，フラン

サロン●le salon

《salon》[サロン] (男) サロン，客間．
① **plafond** [プラフォン] (男) 天井．
② **stuc** [ステュック] (男) スタッコ《大理石粉末による漆喰》．
③ **peinture** [パンテュル] (女) 絵画．
④ **boiserie** [ブワズリ] (女) 板張り．
⑤ **glace** [グラス] (女) 鏡 (＝miroir)．
⑥ **lustre** [リュストル] (男) 吊り燭台，シャンデリア．
armoire [アルムワル] (女) 衣装箪笥．
⑦ **table** [タブル] (女) 卓．
⑧ **cabinet** [カビネ] (男) 飾り戸棚．
⑨ **bureau** [ビュロ] (男) 書き物卓．
⑩ **fauteuil** [フォトゥィユ] (男) 肱掛椅子．
⑪ **tapis** [タピ] (男) 絨緞，カーペット．

スの中世の城に良く似た構造を持っている．そのつもりで目を凝らせば，取り巻く濠，高い石垣，厚い防壁，矢や鉄砲のための狭間，物見の櫓，石落しの隙間など，いたるところに同じ工夫が見られるはずである．
それに対してルネサンス以降の城は，そのような備えは持たないか，ごく僅かで，大きな窓のある，宴会や舞踏のための大広間などを持ち，美しい庭園を周囲に配して，生活の楽しみのために造られたことが感じられる．
17世紀以降になると享楽の生活の場としての城館の性質はますます強まり，財力のかぎりをつくして，過剰なまでの華麗な装飾にあふれたフランス特有の様式を生み出していく．

庭園 ●le jardin（1）

《**jardin**》［ジャるダン］(男) 庭, 庭園. 〜 **français** ［〜フらンセ］(=〜 **à la française** ［〜アラフらンセーズ］) フランス庭園.
① **allée** ［アレ］(女) 小道, 遊歩道.
② **bordure** ［ボるデュる］(女) (遊歩道の) 縁の植込み.
　tonnelle ［トネル］(女) (植物をからめた) 園亭.
③ **bosquet** ［ボスケ］(男) 植込み, 林.
　quinconce ［カンコンス］(男) (サイコロの5の目型の) 植込み.

④ **terrasse** ［テらス］(女) 露台, 土壇.
⑤ **pelouse** ［プルーズ］(女) 芝生.
⑥ **parterre** ［パるテる］(男) 花壇；芝生；平面.
　〜 **d'eau** ［〜ド］水花壇.
　tapis vert ［タピヴェる］(男) 芝の道.
⑦ **plate-bande** ［プラットバンド］(女) 花壇.
⑧ **rond-point** ［ろンプワン］(男) (道の集まる) 円形広場.
　étoile ［エトワル］(女) (星型の) 円形広場.
　labyrinthe ［ラビらント］(男) 迷路.
⑨ **fontaine** ［フォンテヌ］(女) 泉水, 噴水.

98

庭園●le jardin（1）

こんにち考えるような庭園が，フランスの城を取り巻くようになったのはルネサンス以降と考えていいだろう．

中世にも，なるほどパリのシテ島の王宮や，14世紀以降のルーヴル宮には，王の庭と呼ばれるものがあったが，菜園ないし薬草園に近いものにすぎない．ルネサンス時代にも，基本的にはそうした庭園が主流であった．ロワール流域の城の一つヴィランドリVillandryには，近代の復元ではあるが，寓意を含んで模様整形された菜園庭園が残されている．

フランスでは庭園もイタリアの影響を受けて生まれたが，トスカーナ地方の丘陵地帯の高低を生かした庭園を，あくまでも平らなフランスの土地で模倣しても効果は上がらない．その制約の中で，17世紀になって，ル・ノートルLe Nôtreによって初めてフランス庭園jardin à la françaiseが作り出されたのであった．ヴォ＝ル＝ヴィコントVaux-le-Vicomteで試みられ，ヴェルサイユVersaillesで完成した，中心線の眺望perspectiveを軸に幾何学的な模様によって整形された庭園である．

それに対して，18世紀の半ばから，主にイギリスの影響で，より自然の光景を取り込んだ，イギリス庭園jardin à l'anglaiseが造られるようになる．これは，単に自然そのものを生かすというのでなく，自然を模倣して絵画的な感興をめざす，ロマンティックな傾向の造園であった．

⑩ **jet d'eau** [ジェド]（男）噴水．
⑪ **bassin** [バサン]（男）池，泉水．
   grotte [グロット]（女）（彫刻などをおいた）装飾洞窟．
   palissade [パリサッド]（女）生垣，垣根．
   colonnade [コロナッド]（女）列柱．
   treille [トレィユ]（女）（つるなどをからませた）棚．
   orangerie [オランジュリ]（女）（オレンジ栽培用の）温室．
⑫ **canal** [カナル]（男）水路．

庭園●le jardin (2)

《jardin anglais》［ジャルダンアングレ］(男) イギリス風庭園.
① **rocher** ［ロシェ］(男) 岩山.
② **étang** ［エタン］(男) 池.
③ **ruine** ［リュイヌ］(女) 廃墟.
④ **pont** ［ポン］(男) 橋.
⑤ **sentier** ［サンティエ］(男) 小道.
⑥ **hameau** ［アモ］(男) 小邑；農家.
⑦ **cascade** ［カスカッド］(女) 滝.
⑧ **temple** ［タンプル］(男) 寺院.
⑨ **île** ［イル］(女) 小島.
⑩ **peuplier** ［ププリエ］(男) ポプラ.
⑪ **sarcophage** ［サルコファジュ］(男) (古代の) 石棺.

庭園●le jardin (2)

イギリス風庭園のスタイルは名前の通りイギリスで誕生し、フランスにもたらされた。17世紀にフランスで生まれた、平地を樹林で囲み、その中に幾何学的に整えられ、また刈り込まれた樹林や花壇を配した成形庭園はヨーロッパ一円の王宮庭園として広がったが、やがて18世紀のイギリスで自然の情景をそのままに生かした風景庭園が試みられるようになる。自然の崇高に思いを寄せる、折からのロマン主義的心情に合致したこの様式は、さらに理想化された人工的な風物も取り入れた牧歌的な意匠を広げていく。

フランスではジャン=ジャック・ルソーの自然回帰の思想などの影響の下で流行するようになり、ルソーの擁護者の一人ジラルダン侯爵はイギリス庭園の造園術を著述に著した。この時代には、フランス風庭園であったものがイギリス風に改造された例も少なくない。

フランスに現存するイギリス風庭園の主だったものとしては、ジラルダン侯爵の城に付随するエルムノンヴィルの庭（園中の池には、ルソーの遺骸を当初埋葬してルソー島とよばれる様式のもととなったポプラの小島がある）、ヴェルサイユのプチ・トリアノン宮殿の庭（マリ=アントワネットが興じた田舎屋風の建物を配した田園風景）などがある。

⑫ **cygne** [スィーニュ] (男) 白鳥, スワン.
⑬ **château** [シャト] (男) 城館.
⑭ **kiosque** [キオスク] (男) 亭, あずまや.

教会と寺院 ●l'église et le temple

《**église**》［エグリーズ］（女）（キリスト）教会〔堂〕.
  église romane ［～ロマヌ］ロマネスク〔様式の〕教会.
  église gothique ［～ゴティク］ゴティック〔様式の〕教会.
  église Renaissance ［～るネサンス］ルネサンス〔様式の〕教会.
  église baroque ［～バロク］バロック〔様式の〕教会.
  cathédrale ［カテドラル］（女）司教座聖堂.
  basilique ［バズィリク］（女）（教皇に指定された）大聖堂.
  〔**église**〕**abbatiale** ［〔～〕アバスィアル］（女）修道院付属聖堂.

日曜ごとにミサに列席するというような，熱心な信者（pratiquant「つとめをまもる信者」）は少なくなっても，フランスがカトリックの伝統の中にあることはいうまでもない。だから，教会はどこにもある．古いちいさな集落にたちよれば，生活空間の中心に教会があったことが知れる．一方，政教分離の共和国においては，多様な宗教の信徒のいずれもが，共和主義の理念を共有してひとつに結ばれることがのぞまれてもいる．

教会と寺院●l'église et le temple

▼**synagogue** [スィナゴグ] (女) ユダヤ教会.

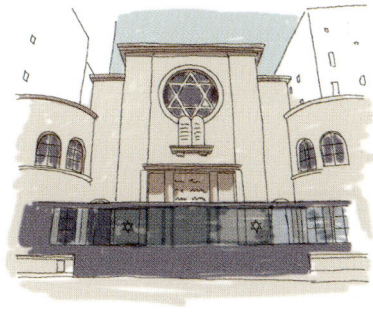

▲**mosquée** [モスケ] (女) モスク, イスラム寺院.

▼**temple antique** [タンプルアンティク] (男) 古代寺院.

ロマネスク教会 ● l'église romane (1)

église romane [エグリーズろマヌ] (女) ロマネスク教会.

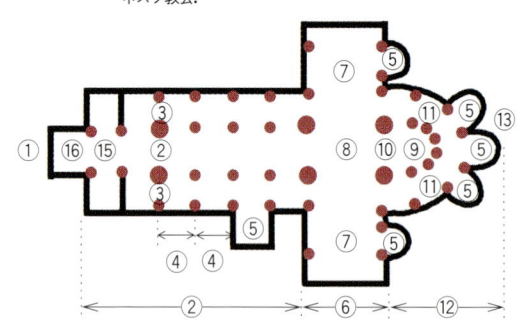

《**plan**》[プラン] (男) 平面、平面配置.
① **portail** [ポるタイユ] (男) 扉口.
② **nef** [ネフ] (男) 身廊.
③ **bas-côté** [バ コ テ] (男) 側廊 (= **collatérale** [コラテらル]).
④ **travée** [トらヴェ] (女) 梁間、ベイ.
⑤ **chapelle** [シャペル] (女) 礼拝堂 (祭室). 〜 **latérale** [〜ラテらル] (側廊の) 脇礼拝堂；〜 **orientée** [〜オリヤンテ] (袖廊の) 東向き礼拝堂；〜 **absidale** [〜アプスィダル] (会堂

ロマネスク教会●l'église romane (1)

頭部の）正面礼拝堂 (= ~ **axiale** [～アクスィアル]); ~**rayonnante** [～れヨナント] (会堂頭部の) 放射礼拝堂 (=~**absidiole** [～アプスィディオル]).
⑥ **transept** [トらンセプト] (男) 翼廊.
⑦ **croisillon** [クるワズィヨン] (男) 袖廊《翼廊の腕部》(=**bras du transept** [ブらデュトらンセプト]).
⑧ **croisée** [クるワゼ] (女) 交差部《翼廊の交差部》(= ~ **du transept**).
⑨ **chœur** [カール] (男) 内陣.
⑩ **autel** [オテル] (男) 祭壇. **maître-**~ [メトる～]主祭壇.
⑪ **déambulatoire** [デアンビュラトワる] (男) (内陣を囲む) 周歩廊 (=**partie tournante** [パるティトゥるナント]).
⑫ **abside** [アプスィド] (女) 後陣, アプス.
⑬ **chevet** [シュヴェ] (男) 後陣《特に外側から見たときの呼称》.
⑭ **tour** [トゥール] (女) 塔, 塔屋. ~ **lanterne** [～ランテるヌ] (女) 採光塔, 頂塔.
  clocher [クロシェ] (男) 鐘楼.
⑮ **narthex** [ナるテクス] (男) 玄関廊.
⑯ **porche** [ポるシュ] (女) ポーチ.
  dôme [ドム] (男) ドーム, 円屋根《外部から見ての呼称》.
  peinture [ペンテュる] (女) 絵画. ~ **murale** [～ミュるル]壁画.
⑰ **bande lombarde** [バンドロンバるド] (女) 帯, 帯状飾り《初期ロマネスク建築の外壁を飾るささやかな装飾. 僅かに浮き出た縦の帯. 上部で**arcades**[アるカド]「小アーチ列」によって連結される》.
⑱ **voûte en berceau** [ヴタンべるソ]半円ヴォールト, トンネルヴォールト.
⑲ **voûte en demi-berceau** [ヴタンドミべるソ]1/4円ヴォールト.
⑳ **tribune** [トリビュヌ] (女) 階上廊《側廊上の廊》.
  contrefort [コントるフォる] (男) 控壁, 扶壁.
㉑ **coupole** [クポル] (女) 円蓋, 円天井.
㉒ **trompe** [トろンプ] (女) トロンプ, 入隅迫持.
㉓ **voûte en cul-de-four** [ヴタンキュドフる] 半ドーム.

105

ロマネスク教会●l'église romane (2)

voûte [ヴト] (女) 円天井，ヴォールト．
① voûte en berceau [ヴタンベるソ] 半円ヴォールト，トンネルヴォールト．voûte en berceau plein cintre [～プランセントる] 完全半円ヴォールト．voûte en berceau brisé [～ブリゼ] 尖頭ヴォールト．
② voûte d'arêtes [ヴトダれト] 交差ヴォールト．
③ voûte en cul-de-four [ヴタンキュドフる] 半ドーム．
④ arc doubleau [アるクドゥブロ] (男) 横断アーチ．
⑤ formeret [フォるムれ] (男) 壁付アーチ．
⑥ fenêtre haute [フネトるオト] (女) 高窓．
⑦ chapiteau [シャピト] (男) 柱頭．
⑧ pilier [ピリエ] (男) 柱．
⑨ piedestal [ピエデスタる] (男) (柱の) 台座．
⑩ coupole [クポる] (女) 円蓋，円天井，～sur trompe [～スィるトロンプ]．
⑪ pendentif [パンダンティフ] (男) ペンデンティフ，辻飾り．coupole sur～．

ロマネスク教会 ●l'église romane (2)

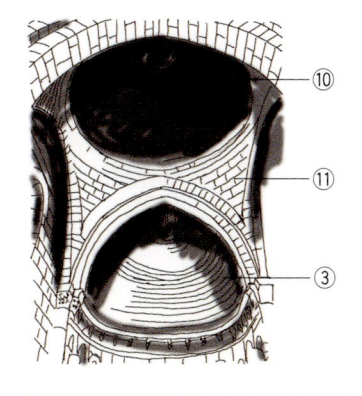

ロマネスク教会はéglise romane, ロマネスク美術ならart romanという. roman/romaneはもとより形容詞である.

フランスの文化は, ガリア（ケルト）の土壌にローマの支配が加わり, さらにゲルマン（フランク）が加わることで生まれたと言っていい. しかし5世紀にローマ帝国が崩壊した後, ローマの遺産を直ちに利用するだけの文化的成熟はまだ達成されていなかった. かつて「ローマの」romain(e) 文化のあった土地に, ローマの影響の下に生まれた新たな文化が生まれ育ってくるのは, 紀元一千年を迎えようという頃からである. そして, 見事に石造りの教会がヨーロッパ各地に建立されるようになる. 11世紀, 12世紀に多くの教会建築を生んだこの様式がロマネスクである.

巨大なローマの建造物の構造の基本は, 半円のヴォールト〔英vault, 仏voûte〕によって天井を支え, さらにそれの複合によって, 幾層にも及ぶ石造建築を造ることであった. 水道橋もコロセウムも, 基本的には同じ力学的な構造を用いている.

ロマネスク建築も, 半円のヴォールトによって成立する. 半円のアーチが長く続けば, かまぼこ天井（トンネル・ヴォールト）voûte en berceauとなる. これを支える壁は, 天井の重さを受けて厚くなり, 窓も大きくは開けられない. さらに外側に開いて倒れることに備えて, 控え壁contrefortが設けられる. また, 要所では横断アーチarc doubleauによって天井は補強されたのである. さらに, かまぼこ天井が直交することで, 交差ヴォールトvoûte d'arêteが可能になり, 完全半円ヴォールトvoûte en berceau plein cintreでない, 頂点が折れた尖頭ヴォールトvoûte en berceau briséも生まれる. さらに, 交差ヴォールトにおける4本の基柱に渡されるアーチと, さらに対角に交差する稜に重力をかけることによって, 柱の上の6本のアーチに加重が与えられて, 理論的には, 壁の支えが不要になることによって, ロマネスクはゴティックへと移行していく.

ゴティック教会 ● l'église gothique（1）

① **parvis** [パルヴィ]（男）（教会前の）広場；前庭.
② **façade** [ファサド]（女）（建物の）面, 正面.
③ **rose** [ロズ]（女）薔薇窓（＝rosace）.
④ **portail** [ポるタユ]（男）扉口, ポータル.
⑤ **tympan** [タンパン]（男）（ポータル上部の）三角小間, テュンパヌム.
⑥ **tour** [トゥる]（女）塔, 塔屋.
⑦ **clocher** [クロシェ]（男）鐘楼.
⑧ **flèche** [フレシュ]（女）尖塔.

ゴティック教会●l'église gothique (1)

crochet [クロシェ] (男) 拳花 (こぶしばな), クロケット《尖塔などの飾り》.
⑨ contrefort [コントるフォら] (男) 控壁, 扶壁.
⑩ arc-boutant [アるクブタン] (男) 飛控え, 飛梁 (とびばり), フライングバットレス.
⑪ culé [キュレ] (女) ～d'arc-boutant (飛梁の) 迫台.
⑫ pinacle [ピナクル] (男) (控壁上部の) 小尖塔.
⑬ gâble [ガブル] (男) 装飾切妻.
⑭ galerie [ガルり] (女) (彫刻などの並ぶ) 階廊.
⑮ pignon [ピニョン] (男) 切妻〔壁〕.
⑯ clocheton [クロシュトン] (男) 小鐘楼;(装飾用の) 小尖塔.
bandeau [バンド] (男) 水平帯飾.
gargouille [ガるグィユ] (女) 水落し, 樋嘴 (ひばし);(水落しの) 怪物像.
⑰ bas-côté(s) [バコテ] 側廊.

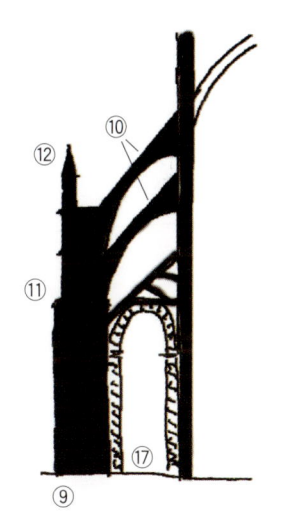

ゴティック建築の構造の基本は、天井の加重を、4本の柱に渡される4本の横断アーチと2本の対角アーチarc d'ogiveによって支えることで、壁の役割を不要としたところにある。壁面は大きな開口部をもつことができ、また高い内部空間が可能になった。
しかし実際には、外側に広げる力のかかることは避けがたく、支えの四分円アーチが建物の外側から柱に添えられることになる。この飛梁arc-boutantがまたゴティック建築の独特なリズムを生む。とりわけ、後陣外観chevetの回転部に特徴的だ。またこの飛梁を支える高い控え壁contrefort、その控え壁にかかる飛梁の加重とのバランスをとるために設けられる尖塔pinacleなど、構造そのものが生み出す姿が美しい。内部空間も身廊nefが単一でなく、3列ときに5列に作られて、それが外構にも反映して、正面の入り口はいまや3つ、あるいは5つが並ぶ。
その全体が繊細に彫り刻んだ石材の組み合わせによって作り上げられ、石のレース模様dentelle de pierreとまで呼ばれる華麗さを見せ、さらに15世紀にいたれば、火焔のごとくうねる透かし彫りの火焔様式style flamboyantが生まれる。

ゴティック教会 ● l'église gothique (2)

《portail》[ポるタィユ] (男) 扉口.
① **archivolte** [アるシヴォルト] (女) アーキヴォルト《装飾アーチの全体》.
② **voussure** [ヴスュる] (女) (タンパンを包む) 装飾アーチ.
③ **sommier** [ソミエ] (男) (アーチの) 起拱石.
④ **tympan** [テンパン] (男) タンパン, テュンパヌム.
⑤ **linteau** [レント] (男) 楣 (まぐさ) 石.
⑥ **trumeau** [トりュモ] (男) 中柱.
⑦ **corbeau** [コるボ] (男) 迫持.
⑧ **piedroit** [ピエドろワ] (男) 隅切.
⑨ **montant** [モンタン] (男) (楣石を支える) 柱.

ゴティック教会●l'église gothique (2)

教会入り口portailのアーチ下半分には扉がしつらえられbr,上部の小間tympan（テュンパヌム）には構成された彫刻群が飾られるのが普通である．

しばしば見られる構図がある．たとえば，栄光のキリスト．中央にアーモンド形の栄光mandorle（マンドルラ）に包まれたキリストが光臨する．周囲には天使が配され，あるいは象徴的図像で表された福音史家évangélistesがとりまく．聖マルコSaint Marc=ライオンle lion，聖マタイSaint Mathieu=天使l'ange，聖ルカSaint Luc=牡牛le bœuf，聖ヨハネSaint Jean=鷲l'aigleである．

最後の審判もある．左右に，ラッパを吹き鳴らす天使が置かれ，受難の道具を捧げた天使と，聖母，聖ヨハネなどに囲まれて再臨したキリストが最上段で玉座を占め，下段では死者たちが蘇って地中から姿を現す．中段では聖ミカエルSaint Michelが死者の魂を秤にかけ，悪魔がこれに立会い，時に手下が秤に力を加えようとしている．地獄に堕ちる魂は向かって右側（画面の中から言えば左手，左gaucheはもとラテン語のsinisterからsenestre「不吉な」といったことによる）に追い立てられて責め苦にあう．天国に導かれるものは左側に導かれて，アブラハムに抱き取られ，さらに外側の装飾アーチに生まれかわった姿を見せていく．

ゴティックgothique〔ゴシックは英語gothic〕とは「ゴート族の」の意で，これは17, 18世紀，いわゆる古典主義時代に，古典古代とルネサンスとの間の，中世の建造物をゴート族les Gothsに由来するとした誤解からきた名称．むろん，《未開野蛮な》と言う含みであった．この時代には，ロマネスクとゴティックの区別は明瞭には捉えられず，ロマネスクは「古いゴティック」などと称された．

ロマネスクがかつてローマの影響下にあった地域全域に広がる，いわば汎ヨーロッパ様式であるのに対して，ロマネスクから発展したといっていいゴティックは，北フランスに発する地域様式とさえ言っていい傾向を持つ．イル・ド・フランスIle de France各地におずおずとした形での実験を残した後，パリの北，サン=ドニSaint-Denisの僧院付属教会Eglise abbatialeにおいて全的な姿で誕生したのが1144年である．さらにパリのノートル=ダムla Nôtre-Dame de Parisの建造が1164年にはじまる．その後，その構造によってより高く，より軽やかに，より輝かしい空間を目指して様式を変化させながら，ゴティックは15世紀まで発展を続け，また，北フランスからヨーロッパ全域に広がっていった．

ゴティック教会●l'église gothique（3）

112

ゴティック教会 ●l'église gothique（3）

① **voûte d'ogive** [ヴトドジヴ]（女）交差ヴォールト.
② **ogive** [オジヴ]（女）交差リヴ.
③ **croisée d'ogive** [クルワゼドジヴ]（女）（リヴの）交差部.
④ **clé** [クレ]（女）（リヴの交叉部への）要（かなめ）石《アーチやヴォールトを構成する，くさび形をしたそれぞれの石は**claveau** [クラヴォ]という．その頂点におかれる》.
⑤ **triforium** [トリフォリオム]（男）トリフォリオム《壁の外側に構造上の支え柱の取り付く位置にしつらえられた，だまし窓》.
⑥ **voûtain** [ヴテン]（男）格間, パネル.
⑦ **pilier** [ピリエ]（男）柱, ピア.
⑧ **travée** [トラヴェ]（女）梁間, スパン.
⑨ **chapiteau** [シャピト]（男）柱頭.
  tribune [トリビュヌ]（女）階上廊.
⑩ **fenêtre haute** [フネトルオト]（女）高窓.
⑪ **vitrail, vitraux** [ヴィトらユ, 〜トろ]（男）ステンドグラス.
⑫ **rosace** [ろザス]（女）薔薇窓《**grande rose** ともいう》(= rose).
⑬ **chaire** [シェる]（女）説教壇.

柱で屋根を支えることによって壁から開放されたゴティックの教会は，森の蒼い樹木のように柱をそびえさせて，垂直に伸びていく．
屋根を支えるアーチarc doubleau, arc formant, arc ogif (=ogive) はそのまま柱に続き，筋のように空間を組み立て支える．
ロマネスクでは，柱からアーチに移る部分におかれた柱頭には聖書の物語が刻まれて物語柱頭chapiteau historiéともなった．しかしいまやはるか頭上にある柱頭には物語りは刻まれない．これもロマネスクでは壁面を飾った壁画も，その場を失う．代わりにステンドグラスvitrail, vitrauxが生まれる．
支えの役を離れた壁面はガラス窓をそなえて，光を取り入れる．そのガラス窓が，いまや色ガラスを組み合わせて画面を構成し物語を語ることになるのだ．ガラス片にはときに焼付けで頭部や裳裾も細かく描きこまれて精密な絵となる．
堂の側面には細く高窓fenêtre hauteが，そして，正面入り口の上あるいは交差廊の開口部には，大きな円形の薔薇窓grande rose, rosaceがおかれる．
堂の内部は軽やかに高くそびえ，はるかな天井の辺りには薄闇が荘重にわだかまっても，陽光の降り注ぐ時，さまざまな色の光が堂内の壁と床を染める．

ゴティック教会 ● l'église gothique (4)

① **confessional** [コンフェスィヨナル] (男) 告解所 (室).
② **chapelle** [シャペル] (女) 礼拝室《後陣・側廊などから張り出す》.
③ **autel** [オテル] (男) 祭壇.
④ **croix** [クルワ] (女) 十字架.
⑤ **agenouilloir** [アジュヌイヨワる] (男) 祈祷台 (椅子)《膝をつくための台》.
⑥ **bénitier** [ベニティエ] (男) 聖水盤.
  labyrinthe [ラビらント] (男) 迷路, (身廊床の) 迷路模様.
  stalle [スタル] (女) (内陣周囲の) 聖職者席.
  miséricorde [ミゼりコるド] (女) (聖職者席の) 突起腰掛《立つときの腰掛け》.
  banc [バン] (男) 長椅子.
  candélabre [カンデラブる] (女) 枝付大燭台.
  cierge [スィエるジュ] (男) 大蠟燭.
  orgue [オるグ] (男) パイプオルガン《大型のオルガンは, 複数形で **grandes ~s** と女性形に表わすことが多い》.
  tronc [トろン] (男) 献金箱.

114

ゴティック教会●l'église gothique（4）

①

bas-côté(s) ［バコテ］（男）側廊.

教会に入って，薄明になれたら，すぐに聖水盤bénitierが見えるだろう．信者なら右手の指の先を浸して十字を切るはずだ．身廊の左右の側廊に告解所confessionalが置かれていよう．木製の大型の箪笥のような姿をして，これは信徒が神父にカトリックの重要な勤めである告解（懺悔）を行うためのものだ．
身廊の内側に面して，柱の傍らに高くしつらえられた演壇状のものが見えることもある．説教の壇chaireだ．
さらに進むと，交差廊より先，内陣chœurの始まる位置に祭壇autelが配されているだろう．祭式はここで行われるのだ．
中世末期以降，信者の入る身廊（外陣）と内陣の間には大きな装飾隔壁のような構造物が置かれたことがある．説教とまた聖書朗読の壇である．その後廃れたが，パリでは唯一聖エティエンヌ=デュ=モンにこれが残されている．美しい透かし彫りの大理石製ジュベjubéである．
左右の側廊bas-côtés，内陣の回転部partie tournanteなどからは区切られた礼拝室が外に張り出している．名家の墓がここに置かれたりしている．聖ウスターシュには宰相コルベールColbertの墓があるというように．

バロック教会●l'église baroque

《église baroque》［エグリーズバロック］(女) バロック教会.
① dôme ［ドム］(男) 円屋根《外部から見て言う》.
　coupole ［クポル］(女) 円天井《内部から見て言う》.
② lanternon ［ランテルノン］(男)（円屋根上の）小頂塔《=lanterneau》.
③ façade ［ファサド］(女) 正面.
④ fronton ［フロントン］(男) 軒先；ペディメント.
⑤ volute ［ヴォリュト］(女) 渦巻形.
⑥ colonne ［コロヌ］(女) 柱.
⑦ chapiteau ［シャピト］(男) 柱頭.
⑧ pilastre ［ピラストる］(女) 付け柱.
⑨ portique ［ポるティク］(男) 柱廊.
⑩ niche ［ニシュ］(女) 壁龕（へきがん），ニッチ.
⑪ statue ［スタテュ］(女) 彫像.
⑫ entablement ［アンタブルマン］(男) エンタブレチュア，張出弯形（くりがた）.
⑬ pot à feu ［ポタフ］(男) 火焔壺《装飾彫刻》.

バロック教会●l'église baroque

ゴシックの様式は15世紀いっぱいまで続くと考えていいだろう．その後も，なにしろ大伽藍の建造ともなると100年を越えて作業は続くのだから，おいそれとは途中から設計を変更して新スタイルを身にまとうわけにも行かないわけで，ゴシックの姿を見せる教会が建て続けられた．それでも，15世紀末に建築の始まった聖エティエンヌ=デュ=モンがその正面には（17世紀の建設ながら）ルネサンスの意匠を見せていたり，聖ウスタシュもまた，ゴシックの骨組みの上に古典主義の特徴を随所に見せているようである．

17世紀に入ると，すでにバロックを展開するイタリアの影響で，飾られた大きな正面と，交差部の上に立ち上がるドーム天井を持つスタイルがパリにも現れる．その最初の一つが，マレ地区の聖ポール聖ルイ教会だ．正面の基層部分の上の第2層さらにその半分の幅の上層が乗り，渦巻状の曲線がその間をつないでいる．さらに異なったオーダーの付け柱やペディメントが全体を飾る．ドーム天井の空間には明かり窓から光が入り込む．これは宗教改革に対抗する旧教内部から現れた改革派であったイエズス会系のローマの教会建築のスタイルに直接の影響をうけたものだった．

17世紀前半の建築にはそうした影響が明瞭に見てとられ，ソルボンヌの礼拝堂もやや小型ながら，バランスの取れた美しい姿を現し，さらに極め付と言うべきは，ヴァル=ド=グラース修道院付属聖堂．フランソワ・マンサールの基本設計で建設された，パリでもっともバロック的な教会建築だろう．正面の堂々たる姿，聳えるクポールとそこに配された彫刻群もさることながら，内部の装飾彫刻から，天井の下から見上げた天上の群像，またその絵画と建物をつなぐ彫刻群など，バロックそのものといっても良いかも知れない．

とはいえ，アルプスを越えてくると，何ものも，イタリアの激しい表現を忘れて，穏やかで均衡の取れた姿に変貌するものだ．実際仔細に眺めれば，確かにイタリアバロックにお手本は仰ぎながら，過剰な装飾やうねるようなラインは姿を潜め，むしろ垂直の方向に伸びる直線性や，またあくまで安定した均衡を求めようとする傾向が潜んでいるのも，フランス17世紀の建築の特徴なのだ．それは，フランス古典主義の発生を示しているものなのだといっても良い．

やがて17世紀も後半に入ると，古典主義はフランスの芸術すべての規範となってゆく．

修道院 ●le monastère

《monastère》[モナステる](男) 修道院.
① cloître [クルワトる](男) 回廊.
② galerie [ガルリ](女)(回廊の) 各歩廊.
③ arc [アるク](男) アーチ.
④ colonne [コロヌ](女) 柱.
⑤ arcade [アるカド](女)(全体としての) アーチ.
⑥ chapiteau [シャピト](男) 柱頭.
⑦ corbeille [コるベィユ](女)(柱頭の) 逆台形部.
⑧ bahut [バユ](男)(柱下部の) 支え壁.
⑨ cloître [クルワトる](男) 回廊.
⑩ dortoir [ドるトワる](男) 共同寝室.
⑪ chauffoir [ショフワる](男) 採暖室.
⑫ cuisine [キュイズィヌ](女) 台所；調理場.
⑬ sacristie [サクリスティ](女) 聖具室.
⑭ scriptorium [スクリプトリオム](男) 写字室.
⑮ salle capitulaire [サルカピテュレる](女)(修道士の集まる) 総会室.
⑯ église abbatiale [エグリズアバスィアル](女) 修道院付属教会.
⑰ réfectoire [れフェクトワる](男) 食堂.

修道院 ●le monastère

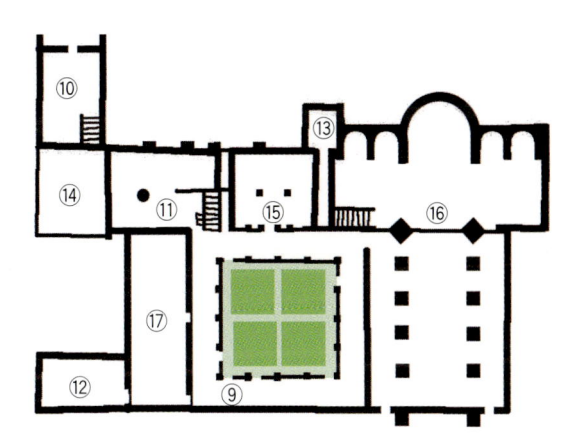

修道院,僧院はMonastère, Couvent, Abbayeだが,Monastèreはmoine修道僧が人里はなれての共住の場,Abbayeは選ばれた僧院長が指揮する大修道院(僧院),後の托鉢修道会や近代以降の修道会の施設はCouventと呼ばれる.

オリエントに始まる独住の隠修士ermiteからやがて,共住の修道生活がはじまる.6世紀に北イタリアのモンテ・カッシーノ修道院でベネディクトゥスSaint Benoîtによってまとめられた,祈り,労働,沈黙,服従などを含む戒律が,その後の修道規則に大きな影響を与えた.ベネディクト会の流れである.

中世を通じて,修道組織の果たした役割は大きいが,ことに,10世紀に始まるクリュニー系修道院と12世紀に頂点を迎えるシトー会,いずれもフランスに生まれた組織は,時代の精神に大きな影響を与えた.

修道院の中心は,礼拝堂と僧坊,そして瞑想生活の中心である回廊である.正方形の庭をめぐるアーケードになった回廊には,祈りの心が今も残されている.

LA NATURE

nature [ナテュる] (女) 自然；本質；性格.
beauté de la 〜 自然美.

景観●le paysage

景観●le paysage

《paysage》[ペイザージュ](男) 景色, 景観.
① ciel [スィエル](男) 空.
② nuage [ニュアージュ](男) 雲.
③ pluie [プリュイ](女) 雨.
④ éclair [エクレール](男) 稲妻, 稲光.
　tonnerre [トネール](男) 雷, 雷鳴.
⑤ arc-en-ciel [アルクアンスィエル](男) 虹.
⑥ montagne [モンターニュ](女) 山.
⑦ sommet [ソメ](男) 頂, 山頂.
⑧ arête [アれト](女) 尾根, 山稜.
　dôme [ドム](男) 円頂丘.
⑨ col [コル](男) 峠, 鞍部.
⑩ versant [ヴェるサン](男) 斜面, 急斜面.
⑪ neige [ネージュ](女) 雪. ～éternelle万年雪
⑫ glacier [グラスィエ](男) 氷河.
⑬ falaise [ファレーズ](女) 崖, 絶壁.
⑭ plateau [プラト](男) 台地, 高原.
⑮ lac [ラック](男) 湖.
⑯ barrage [バラージュ](男) ダム.
⑰ centrale [サントラル](女) 発電所.
⑱ torrent [トらン](男) 急流.
⑲ ruisseau [リュイッソ](男) 小川.
⑳ rivière [りヴィエる](女) 川 (支流).
㉑ gué [ゲ](男) 浅瀬.
㉒ confluent [コンフリュアン](男) 合流点.
㉓ fleuve [フルーヴ](男) 河《海に達する流れ》.
㉔ colline [コリーヌ](女) 丘.
㉕ alpage [アルパージュ](男) (高原の) 牧草地.
㉖ troupeau [トるポ](男) (群れる) 家畜, (特に) 羊の群.
㉗ vallée [ヴァレ](女) 谷, 谷間, (川の) 流域.
㉘ forêt [フォれ](女) 森, 森林.
　clairière [クレリエール](女) (林の中の) 空き地.
㉙ plaine [プレーヌ](女) 平野, 平原.

フランスは平たい. そう言っていいのではないだろうか.
なるほど, イタリアとスイスの国境にはアルプス山脈les Alps（最高峰モンブランMont-Blancは4 807m）があり, スペイン国境にはピレネー山脈les Pyrénéesがある. とはいえ, 全国土の平均海抜は342m, 国土の3分の2が海抜250m以下, 4分の1が100mに届かない. パリが海抜25mなのだ.
その中を, 国土の中央をほぼ東西に流れるロワールla Loire, その北に並行するセーヌla Seine, 中央山塊le Massif centralの東側を南に下るローヌle Rhône, そして南西部を通って大西洋に注ぐガロンヌla Garonneが, 幾多の支流を従えて, ゆったりと流れる.
ひとたび市街地を離れると, ゆるやかな起伏が続き, 土地土地によって, 小麦blé, とうもろこしmaïs, さまざまな蔬菜, あるいはひまわりtournesol, ぶどうvigne, オリーヴの木olivier, さまざまな果樹の畑がひろがる. ところどころに集落があって, 教会の尖塔がのぞいていたりする. 向こうにポプラpeuplierの並木が見えるなら, その下には古い街道が走っているのだろう. 低いところをたゆたっていく軽い小さな雲の影が, 野を滑っていく.

野外●la campagne（1）

野外 ●la campagne (1)

《campagne》［カンパニュ］(女) いなか, 田園；野；平原.

① **camping** ［キャンピング］(男) キャンプ；キャンプ場.
② **caravane** ［キャらヴァヌ］(女) キャンピングカー.
  installation sanitaire ［アンスタラスィヨンサニテール］(女) 衛生利便施設.
③ **allimentation en eau** ［アリマンタスィヨンアンノ］(女) 水場.
  bidon ［ビドン］(男) 水タンク；ジェリ缶.
  vache à eau ［ヴァシァオ］(女) (ズック製の) 水おけ.
④ **tente** ［タント］(女) テント.
⑤ **mât** ［マ］(男) マスト.
⑥ **piquet** ［ピケ］(男) 杭.
⑦ **tendeur** ［タンドゥール］(男) ロープ.
⑧ **auvent** ［オヴァン］(男) ひさし.
⑨ **toile** ［トワル］(女) テント布.
⑩ **table pliante** ［タブルプリアント］(女) 折りたたみ卓.
⑪ **chaise pliante** ［シェズプリアント］(女) 折りたたみ椅子.
  lit de camp ［リドカン］(男) キャンピングベッド.
  sac de couchage ［サクドクシャージュ］(男) 寝袋.
⑫ **campeur(se)** ［キャンプール (ズ)］(男)(女) キャンパー, キャンプする人.
⑬ **sac à dos** ［サカド］(男) リュックサック.
  sacoche ［サコシュ］(女) 肩掛けかばん.
⑭ **randonneur(se)** ［らンドヌール (ズ)］(男)(女) ハイカー. **sac de**～ポーチバッグ《sac bananeともいう》.

randonée ［らンドネ］(女) ハイキング,「自然遊歩道」歩き.〔sentier de〕Grande Randonnée自然遊歩道(G.R.と略す).

⑮ **golf** ［ゴルフ］(男) ゴルフ.
⑯ **terrain de golf** (=green) ［テランドゴルフ(=グリン)］(男) ゴルフ場 (グリーン).
⑰ **chalet** ［シャレ］(男) クラブ・ハウス.
⑱ **départ** ［デパール］(男) ティーグラウンド.
⑲ **allée** ［アレ］(女) フェアウェイ.
⑳ **vert** ［ヴェール］(男) グリーン.
  club ［クロブ］(男) (ゴルフの) クラブ.
  balle ［バル］(女) ボール, 球.
  trou ［トル］(男) (コースとしての) ホール.
㉑ **deltaplane** ［デルタプラーヌ］(男) ハンググライダー.
  U.L.M. (=ultraléger motorisé) ［ユエレム］(男) モーターグライダー《超軽量》.
  planeur ［プラヌール］(男) グライダー.
  parapente ［ぱらパント］(男) パラグライダー.
㉒ **montgolfière** ［モンゴるフィエール］(女) 熱気球.
㉓ **nacelle** ［ナセル］(女) ゴンドラ.
  chute libre ［シュットリーブる］(女) スカイダイヴィング.
㉔ **canoë** ［カノエ］(男) カヌー.
㉕ **kayak** ［カヤク］(男) カヤック.
㉖ **pagaie** ［パゲ］(女) 櫂, パドル.
㉗ **canot** ［カノ］(男) ボート.
㉘ **pont** ［ポン］(男) 橋. ～suspendu吊り橋.
㉙ **funiculaire** ［フュニキュレる］(男) ケーブルカー.
㉚ **câble** ［カブル］(男) ケーブル.

野外●la campagne (2)

野外 ●la campagne (2)

《alpinisme》[アルピニスム] (男) 登山.
① alpiniste [アルピニスト] (男/女) 登山家, 山登りする人.
② escalade (=varappe) [エスカラド (=ヴァラップ)] (女) ロッククライミング, 登攀 (とうはん).
③ cordée [コルデ] (女) ザイルパーティー.
④ corde [コルド] (女) ロープ, ザイル.
⑤ baudrier [ボドリエ] (男) ウエストループ.
⑥ étrier (=échelle de corde) [エトリエ (=エシェルドコルド)] (男) 縄ばしご.
⑦ piolet [ピヨレ] (男) ピッケル.
⑧ marteau [マルト] (男) ハンマー.
⑨ mousqueton [ムスクトン] (男) カラビナ.
⑩ piton [ピトン] (男) ハーケン.
⑪ crampons [クランポン] (男) アイゼン.
⑫ sac à dos [サカド] (男) リュックサック.

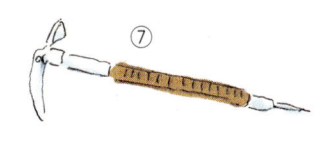

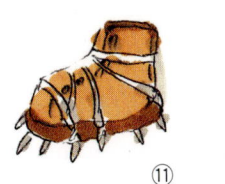

《cyclisme》[スィクリスム] (男) 自転車競技.
⑬ cycliste [スィクリスト] (男) (女) 自転車競走選手, 自転車に乗る人.

《équitation》[エキタスィヨン] (女) 乗馬, 馬術.
⑭ manège [マネージュ] (男) 馬場.
⑮ parcours d'obstacles [パルクールドプスタクル] (男) 障害コース.
⑯ obstacle [オプスタクル] (男) 障害.
⑰ cavalier(ère) [カヴァリエ (エる)] (男) (女) 騎手.
   bombe [ボンブ] (女) (乗馬用) ヘルメット.
   jaquette [ジャケット] (女) 乗馬服.
   jodhpurs [ジョドピュール] (男複) 乗馬ズボン.
   botte [ボット] (女) 長靴.
⑱ cheval [シュヴァル] (男) 馬.
⑲ rênes (=brides) [れヌ (=ブリド)] (女複) 手綱 (たづな).
⑳ selle [セル] (女) 鞍.
㉑ étrier [エトリエ] (男) あぶみ.

サッカー●le football

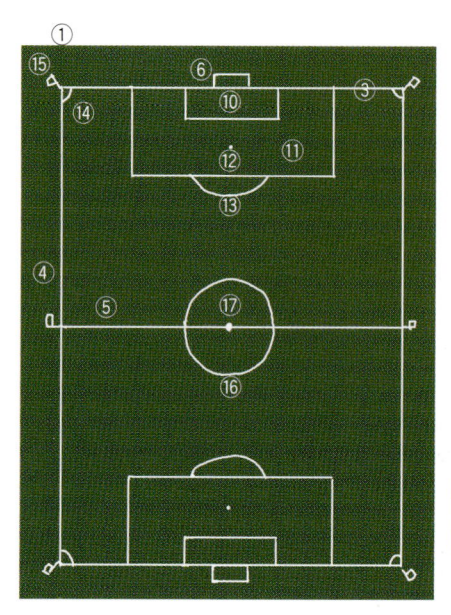

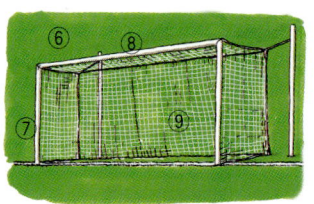

《football》［フトボル］(男) サッカー.
① **terrain de jeu** ［テらンドジュ］(男) ピッチ.
② **ballon** ［バロン］(男) ボール.

③ **ligne de but** ［リニュドビュ〔ト〕］(女) ゴールライン.
④ **ligne de touche** ［リニュドトゥシュ］(女) タッチライン.
⑤ **ligne médiane** ［リニュメディアヌ］(女) ハーフウェイライン.
⑥ **but** ［ビュ〔ト〕］(男) ゴール.
⑦ **poteaux de but** ［ポトドビュ〔ト〕］(男) ゴールポスト.
⑧ **barre transversale** ［バるトらンスヴェるサル］(女) クロスバー.
⑨ **filets de but** ［フィレドビュ〔ト〕］(男複) ゴールネット.
⑩ **surface de but** ［スュるファスドビュ〔ト〕］(女) ゴールエリア.
⑪ **surface de réparation** ［スュるファスドれパらスィヨン］(女) ペナルティエリア.
⑫ **point de réparation** ［プワンドれパらスィヨン］(男) ペナルティスポット.
⑬ **arc de cercle de point de réparation**

サッカー●le football

[アるクドセるクるドプワンドれパらスィヨン]（男）ペナルティアーク.

⑭ **surface de coin** [スュるファスドクワン]（女）コーナーエリア.

⑮ **drapeau de coin** [ドらポドクワン]（男）コーナーフラッグ.

⑯ **cercle central** [セるクるサントらル]（男）センターサークル（=**rond central** [ろンサントらル]）.

⑰ **point central** [プワンサントらル]（男）センタースポット.

joueur [ジュうる]（男）プレイヤー《女子サッカーなら**joueuse** [ジュうズ]》.

gardien de but [ガるディアンドビュ〔ト〕]（男）ゴールキーパー.

défenseur [デファンスる]（男）ディフェンダー.

arrière [アりエる]（男）フルバック.

libero [リベろ]（男）リベロ.

demi [ドゥミ]（男）ミッドフィールダー（=**milieu de terrain** [ミリユドテらン]）.

avant [アヴァン]（男）フォワード（=**attaquant** [アタカン]）.

attaquant [アタカン]（男）アタッカー.

buteur [ビュトゥる]（男）ストライカー（得点者）.

durée du match [デュれデュマッチ]（女）試合時間.

période [ペりオド]（女）ハーフ（=**mi-temps** [ミタン]）《前後半》.

engagement [アンガジュマン]（男）キックオフ（=**coup d'envoi** [クダンヴワ]）.

mi-temps [ミタン]（男）ハーフタイム.

prolongation [プろロンガスィオン]（女）ロスタイム.

arbitre [アるビトる]（男）主審.

juge de touche [ジュジュドトゥシュ]（男）線審.

carton jaune [カるトンジョヌ]（男）イエローカード.

carton rouge [カるトンるジュ]（男）レッドカード.

faute [フォト]（女）ファウル.

coup de pied [クドピエ]（男）キック.

coup franc [クフらン]（男）フリーキック.

coup de pied de but, [クドピエドビュ〔ト〕]（男）ペナルティキック（=**coup de pied de réparation** [クドピエドれパらスィヨン]）.

coup de pied de coin [クドピエドクワン]（男）コーナーキック.

mur [ミュる]（男）壁.

tir [ティる]（男）シュート.

contre-attaque [コントるアタク]（女）カウンターアタック.

passe [パス]（女）パス.

coup de tête [クドテト]（男）ヘディング.

renvoi de but [らンヴワドビュ〔ト〕]（男）ゴールキック.

renvoi de la main [らンヴワドラメン]（男）スロウ.

remise en jeu à la touche [るミザンジュアラトゥシュ]（女）スローイン.

hors-jeu [オるジュ]（男）オフサイド.

dégagement [デガジュマン]（男）クリア.

obstruction [オプストリュクスィヨン]（女）オブストラクション.

faute de main [フォトドメン]（女）ハンド.

ウインタースポーツ ●le sport d'hiver

ウインタースポーツ●le sport d'hiver

《station de sport d'hiver》[スタスィヨンドゥスポるディヴェる] (女) ウインタースポーツ・リゾート.
① chalet [シャレ] (男) 山小屋.
② ski [スキ] (男) スキー《スポーツ》.
③ skieur(se) [スキユ(ズ)] (男)(女) スキー客, スキーをする人.
④ moniteur(trice) [モニトる(トリス)] (男)(女) スキー指導員.
  casque [カスク] (男) ヘルメット.
⑤ anorak [アノらク] (男) アノラック.
⑥ gant [ガン] (男) 手袋, グラブ.
⑦ bâton [バトン] (男) ストック.
⑧ ski [スキ] (男) スキー《板》.
⑨ chaussures [ショスュる] (女複) ブーツ.
⑩ piste [ピスト] (女) (スキー) コース. ~de descente [~ドデサント] 滑降コース. ~de slalom [~ドスラロム] 回転コース.
⑪ piquet [ピケ] (男) 旗門.
⑫ fanion [ファニヨン] (男) 旗.
⑬ tremplin de saut [トらンプランドソ] (男) ジャンプ台.
⑭ chasse-neige [シャスネージュ] (男) 除雪機.
⑮ téléski [テレスキ] (男) スキーリフト.
⑯ télésiège [テレスィエジュ] (男) Tバーリフト, ロープトゥ.
⑰ téléphérique [テレフェリク] (男) 空中ケーブル, ロープウェイ.
⑱ télécabine [テレカビヌ] (女) 空中ケーブルキャビン.
⑲ câble porteur [カブルポるトゥる] (男) 支持鋼索.
⑳ câble tracteur [カブルトらクトゥる] (男) 駆動鋼索.
㉑ pylône [ピロヌ] (男) 支柱.
㉒ traineau [トれノ] (男) そり.
  luge [リュジュ] (女) リュージュ.
㉓ patinage [パティナジュ] (男) アイススケート.
㉔ patinoire [パティヌワる] (男) スケート場, アイスリンク.
㉕ patins [パタン] (男複) スケート.
  bonhomme de neige [ボノムドネジュ] (男) 雪だるま.

フランスの
ウィンタースポーツ地域

Vosges
Jura
Alpes du Nord
Massif Central
Alpes du Sud
Pyrénées

フランスでウィンタースポーツは盛んだ. スイス・イタリア国境のアルプス一帯のほかに, スペイン国境のピレネー山脈の山々も平均1000mなのだし, さらに中央山塊le Massif Centralもある. スキー場にはことかかない. モン=ブランMont-Blancの周辺だけでも, シャモニChamonix, ムジェーヴMegève, サン=ジェルヴェSaint-Gervaisほかの有名スキー場が目白押しだ.

131

樹木 ●arbres

《**plante**》[プラント](女) 植物《包括的にはこの語を複数で使うが、「木」を示すには、通常**arbre**［アるブる］を用い、**plante**単独は、多く「草」を意味する》.

cèdre［セドる］(男) ヒマラヤ杉.

mélèze［メレズ］(男) 唐松（からまつ）.

frêne［フれヌ］(男) とねりこ.

aune［オヌ］(男) 榛（はんのき）.

樹木●**arbres**

pin parasol [パンパラソル] (男) かさ松.

cyprès [スィプれ] (男) 糸杉.

sorbier [ソるビエ] (男) ななかまど.

gui [ギ] (男) 宿木 (やどりぎ)《喬い樹の枝に球形につく》.

133

果樹●fruitiers

《fruitier》[フリュイチエ] (男) 果樹.

verger [ヴェるジェ] (男) 果樹園.

olivier [オリヴィエ] (男) オリーヴの木《実は olive [オリヴ] (女)》.

amandier [アマンディエ] (男) 巴旦杏 (はたんきょう, アーモンド) の木《実は amande [アマンド] (女)》.

poirier [ブワリエ] (男) 梨 (なし) の木《実は poire [ブワる] (女)》.

pêcher [ペシェ] (男) 桃 (もも) の木《実は pêche [ペシュ] (女)》.

pommier [ポミエ] (男) 林檎 (りんご) の木《実は pomme [ポム] (女)》.

果樹●fruitiers

prunier [プリュニエ](男)李(あんず)の木《実は**prune** [プリュヌ](女)》.

cerisier [スリズィエ](男)桜桃(おうとう)の木《実は**cerise** [スリズ](女)》.

figuier [フィギュイエ](男)無花果(いちじく)の木《実は**figue** [フィグ](女)》.

oranger [オらンジェ](男)オレンジの木《実は**orange** [オらンジュ](女)》.

grenadier [グるナディエ](男)柘榴(ざくろ)の木《実は**grenade** [グるナド](女)》.

果樹●fruitiers

chataignier [シャテニエ] (男) 栗（くり）の木《実は**marron** [マロン] (男)》.

noyer [ヌワイエ] (男) 胡桃（くるみ）の木《実は**noix** [ヌワ] (女)》.

noisetier [ヌワズティエ] (男) はしばみの木《実は**noisette** [ヌワゼット] (女)》.

mûrier [ミュリエ] (男) 桑（くわ）の木《実は**mûre** [ミュる] (女)》.

fougère [フジェる] (女) 羊歯（しだ）；蕨（わらび）.

果樹●fruitiers

groseillier [グロゼイエ] (男) すぐりの木《実は**groseille** [グロゼイユ] (女)》.

framboisier [フランブワジエ] (男) 木苺(きいちご)の木《実は**framboise** [フランブワズ] (女)》.

vigne [ヴィニュ] (女) 葡萄 (ぶどう) 〔の木〕.
raisin [れザン] (男) 葡萄〔の実〕. grappe de 〜 葡萄の房.
vignoble [ヴィニョブル] (男) 葡萄畑.

137

野の花●fleurs du champs

《fleurs du champs》[フルるデュシャン](男複) 野の花.

coquelicot [コクリコ] (男) ひなげし.

bleuet [ブルエ] (男) 矢車菊.

œillet [ウィエ] (男) なでしこ；カーネーション.

pervenche [ぺるヴァンシュ] (女) つる日々草.

ancolie [アンコリ] (女) おだまき.

anémone [アネモヌ] (女) アネモネ.

野の花●fleurs du champs

violette [ヴィオレット] (女) 菫（すみれ）.

trèfle [トレフル] (男) つめくさ. ～blanc 白つめくさ, クローヴァー.

pissenlit [ピサンリ] (男) たんぽぽ《利尿作用がある故の名前》.

pâquerette [パクれット] (女) ひなぎく, デイジー.

balisier [バリズィエ] (男) カンナ.

chardon [シャルドン] (男) 薊（あざみ）.

lavande [ラヴァンド] (女) ラヴェンダー.

野の花●fleurs du champs

chèvrefeuille [シェヴるフィユ] (男) すいかずら.

forsythia [フォるシティ(シ)ア] (女) 連翹 (れんぎょう).

bruyère [ブリュィエる] (女) ヒース.

tournesol [トゥるヌソル] (男) 向日葵 (ひまわり).

colza [コルザ] (男) あぶら菜.

穀類●céréales

《céréales》[セレアル] (女複) 穀類.

blé [ブレ] (男) 小麦.

orge [オルジュ] (女) 大麦.

seigle [セグル] (男) ライ麦.

avoine [アヴワヌ] (女) 燕麦 (えんばく).

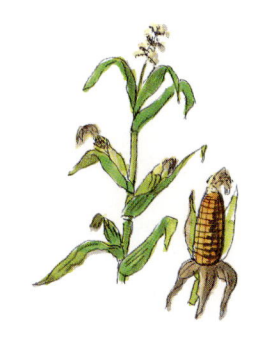

maïs [マイス] (男) 玉蜀黍 (とうもろこし).

山の動物 ●animaux de montagne

《animaux de montagne》[アニモドモンターニュ] (男) 山の動物.
mammifère [マミフェる] (男) 哺乳動物《～s 哺乳類》.

chamois [シャムワ] (男) かもしか, シャモワ.

bouquetin [ブクタン] (男) (アルプスなどの) 野生山羊, アイベックス.

chevreuil [シュヴるィユ] (男) のろ鹿.

cerf [セる] (男) 牡鹿.　　**biche** [ビシュ] (女) 牝鹿.　　**faon** [ファン] (男) 子鹿.

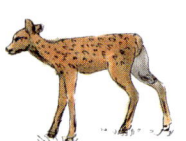

山の動物 ●animaux de montagne

sanglier [サングリエ] (男) 猪.

marcassin [マルカサン] (男) 子猪.

blaireau [ブレロ] (男) あなぐま.

castor [カストる] (男) ビーバー.

renard [るナる] (男) きつね.

putois [ピュトワ] (男) 毛長いたち.

fouine [フイヌ] (女) 胸白てん.

143

山の動物 ●animaux de montagne

hérisson ［エリソン］（男）はりねずみ．

marmotte ［マるモット］（女）マーモット．

hermine ［エるミーヌ］（女）白てん，おこじょ．

belette ［ブレット］（女）いいずな《小型のいたち》．

écureuil ［エキュるィユ］（男）りす．

lapin ［ラパン］（男）うさぎ，穴うさぎ，飼うさぎ．

lièvre ［リエーヴる］（男）野うさぎ．

鳥●oiseaux

《**oiseau**》［ウワゾ］(男) 鳥《複数〜**x**》.

hibou ［イブ］(男) みみずく.

chouette ［シュエト］(女) ふくろう.

faucon ［フォコン］(男) はやぶさ.

milan ［ミラン］(男) 鳶（とび）.

aigle ［エグル］(男) 鷲（わし）.

épervier ［エぺルヴィエ］(男) はいたか.

145

鳥●oiseaux

étourneau [エトゥルノ]（男）むくどり.

pigeon[ピジョン]（男）はと, 鳩, ① ～ **colombin** [～コロンバン]姫森鳩；② ～ **biset** [～ビゼ]かわら鳩；～ ramier森鳩.

tétras [テトラ]（男）大雷鳥.

faisan [フザン]（男）雉子（きじ）.

cygne [スィーニュ]（男）白鳥.

cigogne [スィゴーニュ]（女）こうのとり.
nid [ニ]（男）巣.

鳥●oiseaux

pie〔bavard〕［ピ〔バヴァる〕〕(女) かささぎ.

geai［ジェ〕(男) かけす.

rouge-gorge［るジュゴるジュ〕(男) こまどり, ロビン.

rossignole［ろスィニョル〕(女) 夜鳴きうぐいす, ナイチンゲール.

pic［ピク〕(男) きつつき.

caille［カィユ〕(女) うずら.

alouette［アルエト〕(女) 雲雀 (ひばり).

147

鳥●oiseaux

bergeronnette [ベるジュろネト] (女) せきれい.

martin-pêcheur [マるタンペシュる] (男) かわせみ.

héron [エろン] (男) あおさぎ.

canard [カナる] (男) 鴨 (かも).

grèbe [グれブ] (男) かいつぶり.

cormoran [コるモらン] (男) 鵜 (う).

goéland [ゴエらン] (男) かもめ.

mouette [ムエト] (女) かもめ《goélandより小型》.

昆虫●**insectes**

《**insectes**》［アンセクト］（男複）昆虫.

cigale ［スィガル］
（女）蝉（せみ）.

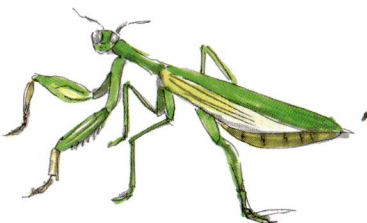

mante religieuse ［マントるリジユズ］（女）
かまきり.

cerf-volant ［セるヴォラン］
（男）くわがたむし.

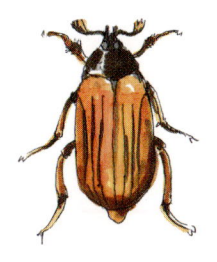

hanneton ［アヌトン］
（男）こがねむし.

capricorne ［カプりコるヌ］
（男）かみきりむし.

guêpe ［ゲプ］（女）雀蜂（すずめばち）.

abeille ［アベユ］（女）
蜜蜂（みつばち）.

bourdon ［ブるドン］（男）
まるはな蜂.

grenouille ［グるヌィユ］（女）かえる.

ruche ［リュシュ］（女）
（蜜蜂の）巣；巣箱.

têtard ［テタる］（男）おたまじゃくし.

149

海辺 ●le bord de la mer

海辺 ● le bord de la mer

《**bord de la mer**》[ボルドラメル] (男) 海辺.

① **polder** [ポルデる] (男) 干拓地.
② **herbu** [エるビュ] (男) 草地.
③ **côte** [コト] (女) 海岸, 浜. ~ rocheuse 岩浜, 岩礁.
④ **digue** [ディグ] (女) 堤防, 防波堤.
⑤ **plage** [プラジュ] (女) 浜辺, 砂浜.
⑥ **grève** [グレヴ] (女) 砂利浜.
⑦ **dune** [デュヌ] (女) 砂丘.
⑧ **presqu'île** [プレスキル] (女) 半島.
⑨ **île** [イル] (女) 島.
⑩ **îlot** [イロ] (男) 小島.
⑪ **falaise** [ファレズ] (女) 崖, 断崖.
⑫ **corniche** [こるニッシュ] (女) (海にのぞむ) 崖道.
⑬ **embarcadère** [アンバるカデる] (男) 船着場.
⑭ **embouchure** [アンブシュる] (女) 河口.
  estuaire [エステュエる] (女) 河口《特に湾口状の大河口》.
⑮ **banc** [バン] (男) 浅瀬, 州.
⑯ **acquiculture** [アキキュルテュる] (女) (水産) 養殖.
⑰ **conchyliculture** [コンキリキュルテュる] (女) 貝の養殖.
⑱ **bouchot** [ブショ] (男) (貝養殖の) 柵.
  ostériculture [オステリキュルテュる] (女) 牡蠣 (**huître**) 養殖
  mytiliculture [ミティキュルテュる] (女) ムール貝 (**moule**) 養殖
  moule [ムル] (女) ムール貝.
  huître [ユイトる] (女) 牡蠣.
  sha-mua [シャミュア] (男) (養殖柵作業用の) 水陸両用車.
  marée [マれ] (女) 潮. ~ montante 上げ潮. ~ descente 下げ潮. ~ haute 満潮. ~ basse 干潮

《**animaux du bord de la mer**》[アニモデュボルドラメる] 海辺の生物.

① **crabe** [クらブ] (男) かに.
② **étrille** [エトリユ] (女) がざみ, わたりがに.
③ **bernard-l'ermite** [ベるナるレるミト] (男) やどかり.
④ **anémone** [アネモヌ] (女) いそぎんちゃく.
⑤ **étoile de mer** [エトワルドメる] (女) ひとで.
⑥ **méduse** [メデュズ] (女) くらげ.
  algue [アルグ] (女) 藻, 海藻.
⑦ **goémon** [ゴエモン] (男) (ヒバマタの類の) 海藻.
  varech [ヴァれク] (男) = **goémon**.

151

浜辺●la plage

《plage》[プラージュ](女) 浜辺, 海浜.
① **promenade** [プロムナド](女) 遊歩道.
② **banc** [バン](男) ベンチ.
③ **parapet** [パラペ](男) 手すり, 欄干.
④ **hôtel** [オテル](男) ホテル.
　casino [カズィノ](男) カジノ, 賭博場.
⑤ **escalier** [エスカリエ](男) 階段.
⑥ **plage** [プラージュ](女) 浜, 砂浜, 海浜.
⑦ **cabine** [キャビヌ](女) 更衣室(浜辺の仮設の建物).
⑧ **chaise longue** [シェーズロング](女) 長椅子, デッキチェア.
⑨ **maillot de bain** [マイヨドバン](男) 水着.
　bikini [ビキニ](男) (女性用)ビキニ.
⑩ **parasol** [パラソル](男) パラソル, ビーチパラソル, 日傘.

浜辺●la plage

年間2週間の休暇vacancesが制度として，ということは権利として定められたのは1936年，レオン・ブルムLéon Blumを首班とする人民戦線内閣のもとでのこと．現在では5週間の有給休暇が認められている．学童の居る家庭では，学校の休暇が始まるのに合わせて，家族で休暇に出発することが多い．だから，休暇第一日目はgrand départと呼ばれて，列車は混み，高速道路も渋滞する．それでも出かけていくのは，仕事を離れて，自由にのんびりと心を養うことが出来るからだ．
学校の休暇に関係がなければ，むしろ休暇人種vacanciersの少ない季節に，気ままな休暇をとって，休暇料金でぼられることのない旅を楽しむ人たちも居る．
一時にまとめてでなく，違う季節ごとに分割して休暇を楽しむ人も増えているようだ．

⑪ **matelas** [マトラ]（男）マットレス．
⑫ **serviette de bain** [セルヴィエトドバン]（男）ビーチタオル．
⑬ **baigneur（baigneuse）** [ベニューる（ベニューズ）]（男）（女）水浴客．
⑭ **bouée** [ブエ]（女）浮輪，浮袋．
　　maître nageur [メトルナジューる]（男）水泳コーチ．
⑮ **poste de secours** [ポストドスクーる]（男）救護所．
⑯ **douche** [ドゥーシュ]（女）シャワー．
⑰ **pâté de sable** [パテドサブル]（男）（子供の作る）砂山．
⑱ **pelle** [ペル]（女）シャベル．
⑲ **seau** [ソ]（男）桶，バケツ．
⑳ **râteau** [らト]（男）熊手，レーキ．

153

海辺のスポーツ●le sport au bord de la mer

《**sport au bord de la mer**》[スポるオボるドラメる]海辺のスポーツ.
① **piscine** [ピスィーヌ]（女）プール.
② **plot de départ** [プロドデパーる]（男）飛び込み台, スタート台.
③ **plongeoir** [プロンジョワる]（男）飛板飛び込み台.
④ **plongeon** [プロンジョン]（男）飛び込み《動作》.
⑤ **crawl** [クろル]（男）クロール.
　brasse [ブらス]（女）平泳ぎ.
　papillon [パピヨン]（男）バタフライ.

nage sur le dos [ナジュシュるルド]（女）背泳ぎ.
⑥ **canot pneumatique** [カノプヌマティク]（男）ゴムボート.
⑦ **planche à voile** [プランシァヴワル]（女）ウインドサーフィン.
⑧ **surf** [サーフ]（男）サーフボード.
⑨ **vague** [ヴァーグ]（女）波.
　crête [クれト]（女）波頭
　creux [クる]（男）（波の）谷
　écume [エキュム]（女）（波の）泡、水泡

海辺のスポーツ●le sport au bord de la mer

(女) ダイバー.
　masque de plongée [マスクドプロンジェ] (男) 潜水マスク.
⑯ **palme** [パルム] (男) フィン.
⑰ **bouteille d'oxygène** [ブティユドクスィジェーヌ] (男) 酸素ボンベ.

《**pêche**》[ペーシェ] (女) 釣り. ～à la ligne 竿釣り.
① **pêcheur** [ペシューる] (男) 釣り人.
② **gaule** [ゴール] (女) 釣り竿 (=**canne à pêche** [カナペーシュ]).
③ **poignée** [プワニェ] (女) 握り.
④ **moulinet** [ムリネ] (男) リール.
⑤ **ligne** [リーニュ] (女) 釣り糸 (=**fil** [フィル]).
⑥ **bouchon** [ブション] (男) うき (=**flotteur** [フロトゥーる] (男)).
⑦ **hameçon** [ハムソン] (男) 釣り針.
⑧ **plomb** [プロン] (男) 錘.
　leurre [ルーる] (女) 疑似餌, ルアー.

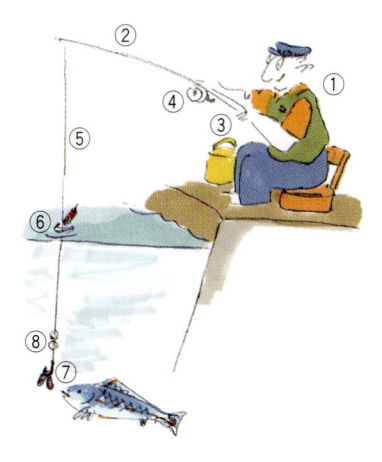

⑩ **ski nautique** [スキノティク] (男) 水上スキー.
⑪ **hors-bord** [オるボる] (男) モーターボート《船外機つき》.
⑫ **bateau à voile** [バトアヴワル] (男) ヨット (=**voilier** [ヴォワリエ]).
　vedette [ヴデット] (男) 〔快速〕モーターボート.
⑬ **balise** [バリーズ] (女) ブイ, 標識.
⑭ **pédalo** [ペダロ] (男) ペダルボート.
⑮ **plongeur(se)** [プロンジューる(ズ)] (男)

155

港 ● le port

《**port**》[ポール] (男) 港.
① 〜**de plaisance** [〜ドプレザンス] レジャー用港, ヨットハーバー.
② 〜**de pêche** [〜ドペーシュ] 漁港.
③ 〜**de commerce** [〜ドコメルス] 商業港.
④ **baie** [ベ] (女) 入り江.
⑤ **môle** [モル] (男) 埠頭.
⑥ **quai** [ケ] (男) 岸壁.
⑦ **bassin** [バサン] (男) 停泊水域.
⑧ **avant-port** [アヴァンポール] (男) 外港.
⑨ **rade** [ラド] (女) (沖の) 錨地.
⑩ **jetée** [ジュテ] (女) 突堤.
⑪ **phare** [ファル] (男) 灯台.
bouée [ブエ] (女) ブイ, 浮標
⑫ **ponton** [ポントン] (男) 浮き桟橋.
⑬ **yacht** [ヨット, (古) ヤック] (男) ヨット.
⑭ **ferry-boat** [フェリボート] (男) フェリーボート.

港●le port

　　marin pêcheur [マランペシュる] (男) 漁師.
⑱ paquebot [パクボ] (男) 客船.
⑲ cargo [カルゴ] (男) 貨物船.
　　porte-conteneurs [ポるトコントヌる] (男) コンテナ船.
⑳ pétrolier [ペトロリエ] (男) タンカー.
㉑ remorqueur [るモるクーる] (男) 引船, タグボート.
㉒ entrepôt [アントるポ] (男) 倉庫.
㉓ vigie de port [ヴィジドポる] (女) 港湾監視所.
　　radar [らダる] (男) レーダー.

　　aéroglisseur [アエログリスーる] (男) ホヴァークラフト.
⑮ thonier [トニエ] (男) まぐろ漁船.
⑯ chalutier [シャリュティエ] (男) トロール漁船.
⑰ criée [クリエ] (女) (魚の) 売り立て〔場〕.
　　vente à la criée [ヴァントアラクリエ] (女) 売り立て.
　　crieur [クリユる] (男) 売り立て人.

ブルターニュ地方のガイドを読むと，潮の満ち干maréeのことが必ず詳しく書いてある．内陸で暮らしている人々は，満潮干潮のことは知らないということのようだ．それに確かにブルターニュの英仏海峡側では，大潮の時には干満差は十数メートルに及び，しかも満ちてくるのが早く，干潟に取り残されて水死人が出るということさえあるようだから，注意も喚起しなくてはならないわけだ．
フランスに海は大西洋l'Atlantiqueだけというわけではない．地中海la Méditerranéeだってある．それがなぜ，潮の干満が知られていないのか．地中海には潮の干満がないのである．あれだけ大きい海であって，干満がないのは，大西洋につながるのがジブラルタル海峡だけで，あの狭い海峡（まさにdétroit）では，それだけの海水を出し入れできないからなのだ．

空 ● le ciel

《ciel》[スィエル](男) 空, 天.
《atmosphère》[アトモスフェール](男) 大気.

《nuage》[ニュアジュ](男) 雲.
① cirrus [スィリュス](男) 巻雲.
② cirro-cumulus [スィロキュミュリュス](男) 巻積雲.
③ alto-stratus [アルトストらテュス](男) 高層雲.
④ alto-cumulus [アルトキュミュリュス](男) 高積雲.
⑤ strato-cumulus [ストらトキュミュリュス](男) 層積雲.
⑥ cumulo-nimbus [キュミュロナンビュス](男) 積乱雲.
⑦ nimbo-stratus [ナンボストらテュス](男) 乱層雲.
⑧ stratus [ストらテュス](男) 層雲.
⑨ cumulus [キュミュリュス](男) 積雲.
⑩ pluie [プリュイ](女) 雨.
⑪ éclair [エクレる](男) 稲妻.

158

空●le ciel

brume [ブりュム] (女) 靄.

brouillard [ブるィヤる] (男) 霧.

rosée [ろゼ] (女) 露.

verglas [ヴェるグラ] (男) 雨氷, 霧氷.

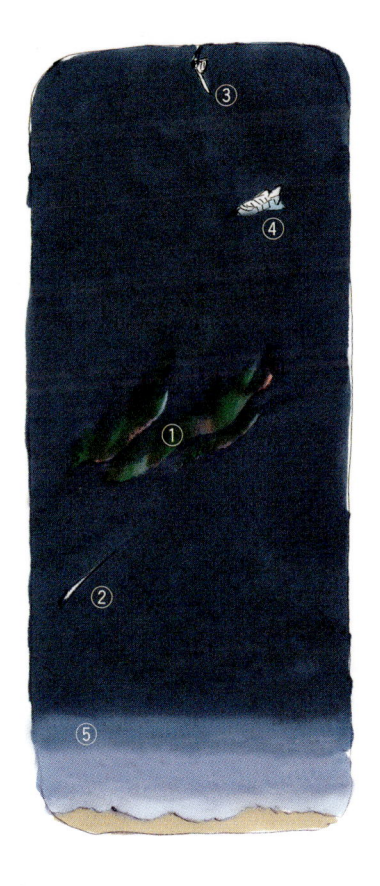

① **aurore** [オろる] (女) オーロラ.
② **étoile filante** [エトワルフィラント] (女) 流れ星.
③ **satellite artificiel** [サテリトアるティフィシエル] (男) 人工衛星.
④ **navette spatiale** [ナヴェトスパスィアル] (女) スペース・シャトル.
⑤ **stratosphère** [ストラトスフェる] (女) 成層圏.

159

地球●la terre

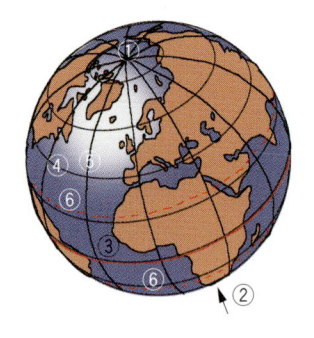

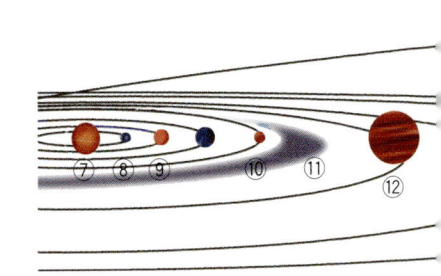

《terre》[テる](女) 地球、大地.
① pôle Nord [ポルノーる](男) 北極.
② pôle Sud [ポルシュド](男) 南極.
③ équateur [エクワタる](男) 赤道.
④ latitude [ラティテュド](女) 緯度.
⑤ longitude [ロンジテュド](女) 経度.
⑥ tropique[トロピク](男)回帰線. ～du Cancer北回帰線, ～du Capricorne南回帰線.

《espace》[エスパス](男)空間；宇宙. ～ céleste 天空
《système solaire》[スィステムソレる](男) 太陽系.
⑦ Soleil [ソレイユ](男) 太陽.
⑧ Mercure [メるキュる](男) 水星.
⑨ Venus [ヴェニュス](女) 金星.
⑩ Mars [マるス](男) 火星.
⑪ asteroïdes [アステロイド](男複) 惑星〔帯〕、アステロイドベルト.
⑫ Jupiter [ジュピテる](男) 木星.
⑬ Saturne [サテュるヌ](男) 土星.
⑭ Uranus [ユらニュス](男) 天王星.
⑮ Neptune [ネプテュヌ](男) 海王星.
⑯ Pluton [プリュトン](男) 冥王星.
Lune [リュヌ](女)(地球の) 月.
cratère [クらテる](男) クレーター.
comète [コメト](女) 彗星.
éclipse [エクリプス](女) 蝕. ～solaire日食, ～lunaire月食, ～totale皆既食, ～partielle部分食, ～annulaire金環食
galaxie [ギャらクスィ](女) 星雲, 銀河系, 銀河.
voie lactée [ヴワラクテ](女) 銀河, 天の川.

《constellation》[コンステラスィヨン](女) 星座.
《zodiaque》[ゾディアク](男) 黄道十二宮〔の星座〕.
Bélier [ベリエ](男) 牡羊座；白羊宮.
Taureau [トろ](男) 牡牛座；金牛宮.
Gémeaux [ジェモ](男複) ふたご座；双子宮.

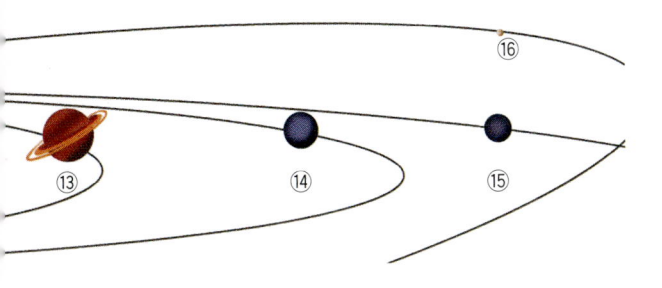

太陽系 ●le système solaire

Cancer [カンセる] (男) かに座；巨蟹宮.
Lion [リヨン] (男) しし座；獅子宮.
Vierge [ヴィエるジュ] (女) 乙女座；処女宮.
Balance [バらンス] (女) てんびん座；天秤宮.
Scorpion [スコるピヨン] (男) さそり座；天蠍宮.
Sagittaire [サジテる] (男) 射手（いて）座；人馬宮.
Capricorne [カプリコるヌ] (男) やぎ座；磨羯宮.
Verseau [ヴェるソ] (男) 水瓶座；宝瓶宮.
Poissons [プワソン] (男複) うお座；双魚宮.

Orion [オリヨン] (男) オリオン座.
Andromède [アンドロメド] (女) アンドロメダ座.
Grande Ourse [グらンドウるス] (女) 大熊座.
Petite Ourse [プティトウるス] (女) 小熊座.
Cassiopée [カスィオペ] (女) カシオペア座.
Grand Chien [グらンシヤン] (男) 大犬座.

Petit Chien [プティシヤン] (男) 子犬座.
Cygne [スィニュ] (男) 白鳥座.
Lyre [リる] (女) 琴座.
Centaure [サントる] (男) ケンタウルス座. Alpha de～ ケンタウルス座アルファ星.

Sirius [スィリユス] (固有) シリウス《大犬座の星；全天で最も明るい恒星》.
Véga [ヴェガ] (固有) ヴェガ《琴座の星》.
Arcturus [アるクトゥリュス] (固有) アークトゥスル《牛飼い座の星》.
Rigel [リジェル] (固有) リゲル《オリオン座のβ星》
Procyon [プろスィヨン] (固有) プロキオン《子犬座の星》.
Altaïr [アルタイる] (固有) アルタイル《わし座の星；彦星》.
Bételgeuse [ベテルジューズ] (固有) ベテルギウス《オリオン座のα星》.
Aldébaran [アルデバらン] (固有) アルデバラン《牡牛座の星》.

161

索　引

あ 行

アイススケート　131
アイスリンク　131
アイゼン　127
アイベックス　142
亜鉛　65
亜鉛屋根　65
あおさぎ　148
青信号　31
赤信号　31
赤チョーク　49
明り塔　90
赤ワイン　84, 85
赤ん坊　59
アーキヴォルト　110
空き地　123
アークトゥスル　161
上げ潮　151
アーケード　70, 71, 95
あごひげ　37
浅瀬　123, 151
あざみ　139
脚（グラスの）　86
足（グラスの）　86
脚（ヘリコプターの）　13
預け入れ禁止物品　10
あずまや　101
アゼル゠リドー　96
アタッカー　129
アーチ　107, 111, 113, 118, 118
アトリエ　48
穴うさぎ　144
あなぐま　143
アネモネ　138
アノラック　131

アーバンファーニチュア　65
アプス　105
あぶみ　127
油　49
油絵　47
油壷　48
あぶら菜　140
天の川　160
網棚　20
雨　123, 158
アーモンド　134
アルコール度数　86
アルザス　81, 84
アルザスワイン　85
アルスナル港　61
アルタイル　161
アルデバラン　161
アルト歌手　56
アルプス　131
アルプス山脈　123
アルマニヤク酒　84
泡　154
アンヴァリッド　61
アンジェ　91, 96
アンジュー伯　91
あんず　135
安全チェック　11
安定板（ヘリコプターの）　13
アンテナ（飛行機の）　12
アンドル　91
アンドロメダ座　161
案内係（劇場の）　51
案内所（駅の）　15
案内所（空港の）　9
案内所（美術館の）　44
案内板（駅の）　14
案内（美術館の）　44

案内標識　33
鞍部　123
アンリIV世騎馬像　36

いいずな　144
イエズス会　117
イエローカード　129
イギリス風庭園　99, 100, 101
池　99, 100
生垣　99
石落し　89
遺失物　9
遺失物〔預かり所〕　45
弩狭間　89
衣装箪笥　97
椅子　41, 46
イスラム〔教〕　47
イスラム寺院　103
イスラム美術　47
イーゼル　37, 46, 48
いそぎんちゃく　151
いたち　144
板張り　97
いちじく　135
市場　76, 77
一文字　53
1階　64, 66
1階桟敷　53
1週間乗車券　24
一等（列車の）　17
一方通行　32
一方通行路　33
射手（いて）座　161
緯度　160
糸杉　133
稲妻　123, 158
稲光　123

163

索 引

イノサン教会墓地 73
猪 143
イヤホーン 3
入り江 156
入口（駅の）17
入口屋（館の）69
入り口（館の）69
入り口（高速道路の）30
入り口（集合住宅の）66
入り口（美術館の）44
入り口ホール（集合住宅の）66
入り口ホール（美術館の）44
入隅迫持 105
医療センター 9
イル・ド・フランス 111
慰霊塔 77
慰霊碑 72
岩浜 151
岩山 100
インク 49
インク台 49
イングリッシュ・ホルン 55
印刷機 49
印刷台 49
インターチェンジ 30
インターネット 51
インターフォン 22
インフォメイション（駅の）15

う 148
ヴァイオリニスト 54
ヴァイブラフォーン 56
ヴァリエテ座 71
ヴァル=ド=グラース修道院付属聖堂 117
ヴァンドーム広場 59
ヴィヴィエンヌ・ギャラリー 71
ヴィエンヌ 91
ヴィオラ 54
ヴィオラ奏者 54
ヴィオラ・ダ・ガンバ 56

ヴィオル 56
ヴィクトワール広場 59
ヴィデオ 37
ヴィランドリ 99
ヴィレット 57
ウインタースポーツ・リゾート 131
ウインドサーフィン 154
ヴェガ 161
植込み（庭園の）98
ウエストループ 127
ヴェールガラン広場 36
ヴェルサイユ 99, 101
ヴェルドー・アーケード 71
ヴェロ=ドダ・ギャラリー 71
うお座 161
ヴォージュ広場 58, 59, 69
ヴォー=ル=ヴィコント 99
ヴォールト 106
ウォールライト 40
迂回指示 33
迂回路 30, 33
うき 155
浮き桟橋 156
浮袋 153
浮彫彫刻 47
浮輪 153
受付係（チェックインカウンターの）10
受付係（ホテルの）38
受付（ホテルの）38
うさぎ 144
薄浮き彫り 69
渦巻形（バロック教会の）116
うずら 147
宇宙 160
腕枕 48
乳母 59
乳母車 59
雨氷 159
右方優先道路 32
馬 127
海の幸盛り合わせ 83

海辺 151
裏階段（集合住宅の）66
売り立て（魚の）157
運河 31
運転士（バスの）28
運転席（列車の）18, 20

絵 41
衛生利便施設 125
絵描き 37
駅 16, 76, 77
駅員 24
駅舎 16
駅（地下鉄の）24
駅前広場 76
駅名 25
駅名（地下鉄の）22
SNCF 34
エスカルゴ 83
エスカルゴばさみ 83
エスカレーター 9, 24, 45
エスキース 47
枝付大燭台 114
エッチング 47
エトワール 63
絵具 49
絵具缶 49
絵具溶き皿 48
エプロン 5
RATP 5, 34
RER 5, 9, 23, 34
エルムノンヴィルの庭 101
エレヴェーター 9, 66
エレベーターケージ 66
円蓋 105, 106
円形広場 98
遠景（舞台の）53
演劇 57
遠見（舞台の）53
エンジン 12
エンタブレチェア 116
円頂丘 123
園亭 98
煙突 65, 66
えんばく 141

鉛筆 49

追い越し禁止 32
追い越し禁止区間 33
牡牛座 160
横断アーチ 106, 107, 109
おうとう 135
往復 17
大犬座 161
大熊座 161
大太鼓 56
大通り（地方都市の） 76
大麦 141
大雷鳥 146
丘 31, 123
丘の斜面 31
小川 123
屋上 62
オーケストラ 54
オーケストラボックス 53
おこじょ 144
牡鹿 142
オステルリッツ駅 15
オスマン男爵 67
オスマン様式建築 64
おだまき 138
おたまじゃくし 149
落し格子 88
乙女座 161
踊り場 66
尾根 123
帯（教会外壁の） 105
帯状飾り（教会外壁の） 105
牡羊座 160
オフサイド 129
オブストラクション 129
オペラ 57
オペラ・コミック座 57
オペラ座 51, 53, 57
オーボエ 55
オーボエ奏者 55
オムレツ 43
母屋（館の） 69
錘 155
オランジュリ 69

オリーヴ 123, 134
オリオン座 161
折り返し階段 89
折り返し（階段の） 66
折りたたみ椅子 125
折りたたみ卓 125
オルリー 5
オレンジ 135
オレンジカード 24
オーロラ 159
音楽家 37
音楽会 57
温室 99

か 行

櫂 125
貝 151
飼うさぎ 144
海王星 160
絵画 46, 47, 95, 97, 105
海岸 151
皆既食 160
回帰線 160
海景 47
外港 156
開口部（歩廊の） 94
改札 23
改札機械 28
階上席（歩廊の） 94
階上席（レストランの） 66
階上廊 105, 113
外陣 115
回数券 23, 24, 29
凱旋門 62, 63
海藻 151
階（建物の） 64, 66
階段 9, 24, 39, 66, 152
階段室 66
かいつぶり 148
回転 131
回転腕木 49
回転台（荷物受取場の） 6
回転台 49
回転胴 49
回転部（内陣の） 115
街灯 65, 66

ガイド（美術館の） 46
海浜 152
怪物像 109
回廊 118, 119
階廊（教会の） 109
階廊（歩廊の） 94
カーヴ 31, 32
カーヴ矢印 31, 33
カウンター 38
カウンターアタック 129
カウンターテナー歌手 56
かえる 149
火焔壷 116
火焔様式 109
画家 37, 46, 48
画架 46, 48
鏡 41, 97
河岸 37
牡蠣 151
鍵 38
垣根 99
鍵箱 38
書き物卓 97
隠し門 88
拡声装置 56
学童輸送 33
確認表示 31
格納庫 5
楽譜 54
格間 113
崖 123, 151
かけす 147
崖道 151
河口 151
籠（エレベーターの） 66
かささぎ 147
かさ松 133
飾り垂れ幕 53
飾り戸棚 97
カシオペア座 161
画座 48
カジノ 152
歌手 56
果樹 134
果汁 42
果樹園 134
カスタネット 56

165

索 引

霞 159
カスレ 82
火星 160
架線 17, 18
架線柱 18
架線（路面電車の） 27
火葬場 72
肩掛けかばん 125
カタコンブ 73
かたつむり 84
片道 17
花壇 98
家畜 30, 123
画帳 49
滑降 131
滑車 78
合唱隊 56
滑走路 5
カップ 42
カーテン 41
カート（機内の） 3
隅部屋（集合住宅の） 64
カトリック 102, 115
要石 113
かに 151
かに座 161
カヌー 125
カーネーション 138
画布 46, 48
カフェ・オ・レ 42, 43
カフェ・コンプレ 43
壁（サッカーの） 129
壁付アーチ 106
カーペット 97
壁龕 88
かまきり 149
かまぼこ天井 107
かみきりむし 149
上手 53
雷 123
紙挟み 49
鴨 84, 148
貨物車 17
貨物船 157
かもめ 148
カヤック 125
ガラス張り（アーケードの） 70
ガラス屋根（駅の） 14
カラビナ 127
からまつ 132
カラン 41
ガリア 107
ガリア・ローマ時代 75
カルヴァドス酒 84
カルカッソンヌ 75
カルーゼル凱旋門 63
カルト・オランジュ 23, 29
カルナヴァレ館 69
ガレット 84
画廊 46
ガロンヌ 123
川 31
河（海に達する流れ） 123
川（支流） 123
かわせみ 148
かわら鳩 146
簡易寝台車 20
管楽器 55
観客 51
観光案内所 39
観光客 37
観光協会 39
観光バス 29
岩礁 151
管制室 5
管制塔 5
完全半円ヴォールト 106, 107
干潟 151
干潮 151, 157
カンナ 139
看板 70, 79
岸壁 156
観葉植物 38

きいちご 137
黄色信号 31
機関車 16, 20
起拱石 110
木組み 79
木組み壁 78
木組みの屋根 77
きじ 146
疑似餌 155
機首 12
騎手 127
規制標識 32
ギター 56
北駅（パリの） 15
北回帰線 160
ギター奏者 56
機長 3
喫煙 17
喫煙スペース 8
キック 129
キックオフ 129
喫茶店 8, 45
きつつき 147
きつね 143
切符 17, 23, 24, 29, 34
切符売り場 24, 45
切符切り 51
汽笛 20
祈祷台 114
キドニー・パイ 43
機内持込禁止物品 11
記念の炎（凱旋門の） 62
気密窓 2
旗門 131
客室（劇場の） 53
客室（飛行機の） 2, 12
客室（ヘリコプターの） 13
客室（レストランの） 66
客室（列車の） 19
客車 17, 18, 20
客船 157
逆台形部（柱頭の） 118
客間 97
キャッシュディスペンサー 8
ギャレイ 2
キャンパー 125
キャンバス 46, 48
キャンピングカー 125
キャンピングベッド 125
キャンプ 125
キャンプ場 125

166

索 引

休暇 153
救急所 33
救護室 45
救護所 153
給仕長 39
丘上村落 80
給電線(路面電車の) 27
急な下り坂 32
牛乳 42
「義勇兵の出発」(凱旋門の) 62
救命胴衣 3
急流 123
教会 76,77
教会入り口 111
教会〔堂〕 102
仰臥像 47
胸像 47
〔共同〕建築 66
共同寝室(修道院の) 118
共和主義 102
居館 91,96
巨蟹宮 161
漁港 156
居住棟(城の) 89
霧 159
切妻 69,78,79,90
切妻〔壁〕 109
切妻壁 90
禁煙 17
禁煙車室 17
銀河 160
銀河系 160
金管楽器 55
金環食 160
金牛宮 160
緊急スイッチ(地下鉄ホームの) 22
禁止区間終了 33
金星 160
金属版画 47

杭(テントの) 125
空気抜き 78
空港 5
空港係員 11

空港サービス車両 13
空港シャトル 9
空港バス 5
空中ケーブル 131
空中ケーブルキャビン 131
くずかご 41
口金(瓶の) 85
靴拭きマット 39
駆動鋼索(ロープウェイの) 131
くび(瓶の) 85
窪み(道路の) 32
クポール 117
クーポン 23,24,29
熊手 153
熊のぬいぐるみ 59
雲 123,158
鞍 127
グライダー 125
クラクション禁止 32
くらげ 151
グラス 86
クラブ(ゴルフの) 125
グラブ(スキーの) 131
クラブ・ハウス 125
クラリネット 55
クラリネット奏者 55
グランドピアノ 56
くり 136
クリア 129
クリマ 85
クリュ 85
クリュニー系修道院 119
グリーン 125
クルー(飛行機の) 3
車椅子 45
車台 20
車止め 16
くるみ 136
クレーター 160
クレープ 84
クローヴァー 139
クローク 45
クロケット 109
クロスオーバー 16
クロスバー 128

クロタンチーズ 84
クロッキー 49
クロール 154
クロワッサン 42,43
くわ 136
くわがたむし 149

警戒標識 32
景観 123
芸術橋 37
経度 160
ゲイト(駅の) 15
経路案内 24
劇場 53
景色 123
月間乗車券 24
月食 160
毛長いたち 143
ケーブル 125
ケーブルカー 125
ケルト 107
ゲルマン民族 75,107
巻雲 158
弦楽器 54
玄関 66
玄関室 66
玄関廊 105
献金箱 114
検札係 20
検札機械 23
原産地統制名称 86
原車線 33
巻積雲 158
減速装置 32
ケンタウルス座 161
ケンタウルス座アルファ星 161
県道 30,33
見物人(美術館の) 46

子犬座 161
子猪 143
更衣室(浜辺の) 152
郊外線 15,18
航空機 12

索　引

工芸品　47
高原　123
航行灯　12
広告　15, 22, 25
交差ヴォールト　106, 107, 113
交差点　32
交差点一旦停止　32
交差部　105, 113, 117
交差リヴ　113
交差路標識　32
工事（標識）　33
公衆電話　24
後陣　105, 109, 114
高積雲　158
鉱泉水　43
高層雲　158
高速郊外鉄道　5
高速自動車道　30, 33
高速道路入り口　31
高速道路出口　31
高速道路表示　31
高速道路分岐表示　31
紅茶　42
降着脚　12
降着車輪　12
黄道十二宮　160
こうのとり　146
合流点　123
港湾監視所　157
古楽　56
こがねむし　149
黒鉛　49
国際線　5
国鉄　76
国道　30, 33
国内線　5
小熊座　161
国立劇場　57
御降誕　47
子鹿　142
個室車室　20
個室（ホテルの）　40
個室（列車の）　19
小島　100, 151
胡椒入れ　43
コース（スキーの）　131

跨線橋　16
古代　46
古代エジプト　46
古代エトルリア　47
古代オリエント　46
古代ギリシア　46
小太鼓　56
古代寺院　103
古代文明　46
古代ローマ　47
固着材（パステルなどの）　49
告解　115
告解所　114, 115
国旗（フランスの）　37
国境表示　33
コックオバン　82
コッペパン　43
ゴティック　89, 102, 107, 109, 111, 113, 117
固定橋　74, 88
古典主義　117
琴座　161
コートデュローヌ　84
コーナーエリア　129
コーナーキック　129
コーナーフラッグ　129
小梁　78
コーヒー　42
古美術品　46
小ビン（油と酢の）　43
拳花　109
小窓（屋根裏部屋の）　64
こまどり　147
小道（庭園の）　98, 100
小麦　123, 141
小麦畑　30
ゴムボート　154
コメディー・フランセーズ　57
子守　59
コラィユ車両　20
コーラス　56
ゴール　128
ゴールエリア　128
ゴールキック　129
ゴールキーパー　129

ゴールネット　128
ゴルフ　125
ゴルフ場　125
コルベール・ギャラリー　71
ゴールポスト　128
ゴールライン　128
コンコース　19, 24
コンコルド広場　59
コンサート　57
コンサートホール　54
献立表　39
コンテナ　17
コンテナ車　17
コンテナ船　157
ゴンドラ　125
コントラバス　54
コンパートメント　20

さ　行

菜園　99
採光塔　105
祭室　104
祭壇　105, 114, 115
採暖室（修道院の）　118
最低速度規制　33
ザイル　127
ザイルパーティー　127
サイレン　20
砂丘　151
サクソフォーン　55, 56
サクソフォーン奏者　55
柵（養殖の）　151
ざくろ　135
下げ潮　151
支え壁（柱下部の）　118
桟敷　53
座席（地下鉄の）　25
座席（バスの）　28
座席（飛行機の）　2
さそり座　161
サッカー　128
サテライト　5, 8, 9
サーフボード　154
サマリテヌ百貨店　37
サロン　97

索引

サン=マルタン門 63
聖ウスターシュ教会 57
三王礼拝 47
3階 66
三角小間 108
懺悔 115
聖ジェルマン=デプレ教会 57
聖セヴラン教会 57
酸素ボンベ 155
酸素マスク 3
産地 85
産地名称（ワインの） 86
山頂 123
サント=シャペル 37
サン=ドニ僧院付属教会 111
サン=ドニ門 63
産年（ワインの） 86
聖ポール聖ルイ教会 117
サン=マルタン運河 61
サン=ミシェル広場 37
サン=ラザール駅 15
サンリス 75
山稜 123

試合時間（サッカーの） 129
寺院 100
ジェリ缶 125
シェール 91
潮 151
塩入れ 43
市街家具 65
市街電車 27
指揮者 54
指揮台 54
敷布 40
指揮棒 54
司教座聖堂 102
時刻表（列車の） 14, 18
獅子宮 161
支持鋼索（ロープウェイの） 131
しし座 161
私室（城の） 92

指示標識 33
シーズンチケット 51
自然遊歩道 125
しだ 136
下絵 47
垂れ柳 37
7月革命記念碑 60
支柱（ロープウェイの） 131
市町村道 30, 33
シーツ 40
シテ島 36, 75, 99
自転車競技 127
自転車競走選手 127
自動改札機（駅の） 15, 19
自動改札機(地下鉄の) 23, 24
自動車 30
自動販売機(地下鉄の) 23, 24
自動販売機（駅の） 15, 18
シトー会 119
シートベルト（飛行機座席の） 3
シードル 84
支那墨 49
忍び戸 88
芝の道（庭園の） 98
芝生 98
四分円アーチ 109
1/4円ヴォールト 105
市壁 77
島 151
下手 53
車軸 20
写字室 118
車室（列車の） 19
車掌 19, 20
車掌室 17
ジャズ 56
車線（道路） 31
車線変更 33
車線変更可能 31
車線変更禁止 31
遮断機（地下鉄ホームの） 22

車道 66
シャトルバス 5
シャトレ座 37, 57
シャトレ広場 37
車内食 21
車内販売 19, 21
シャブリ 85
シャベル 153
ジャム 42, 43
斜面 123
シャモワ 142
砂利浜 151
車両 18, 20, 22
車輪（地下鉄の） 23
シャワ 41, 153
シャンゼリゼ 63
シャンゼリゼ劇場 57
シャンデリア 97
シャンパーニュ 86
シャンパン酒 85
ジャンプ台 131
シャンボール 89, 96
銃眼 89
宗教主題 47
集合住宅 64, 66
十字架 114
十字路 31
絨毯 41, 97
終着駅 25
集電器 23, 27
修道院 118, 119
修道院付属教会 102, 118
修道僧 119
自由の守り神 61
周歩廊 105
集落入口 33
集落出口 33
シュークルート 81, 84
主祭壇 105
主審（サッカーの） 129
ジュース 42, 43
受胎告知 47
出国審査 9
出（入）国審査 8, 11
出発階 8
シュート 129
シュノンソー 96

169

索 引

ジュフロワ・アーケード 71
種別名称（ワインの） 86
樹木 65
シュリーの館 69
巡察路 74, 89
小アーチ列（教会外壁の） 105
上屋（駅舎の） 16
障害コース（馬術の） 127
障害（馬術の） 127
城館 88, 91, 95, 96, 101
乗客 19, 22, 29
商業港 156
昇降舵 12
昇降扉（列車の） 20
城砦 74, 91
城市 74
乗車券 26
小鐘楼 109
常設展示 45
小尖塔 109
肖像画 47
小卓（飛行機座席の） 3
小頂塔 116
商店 64
商店・サーヴィス階 8
小塔 90
小児多し 32
使用人室 66
乗馬 127
乗馬ズボン 127
乗馬服 127
上部桟敷 53
城壁 74, 75, 88
情報週刊誌 51
消防船 37
情報通信 51
照明（機内の） 3
照明（地下鉄の） 25
照明（舞台の） 53
正面（教会の） 108, 109, 116, 117
正面（集合住宅の） 64
正面礼拝堂 105
城門 74
常夜灯（機内の） 3

小邑 100
乗用車 30
小翼 12
鐘楼 105, 108
小惑星〔帯〕 160
初期ロマネスク 105
蝕 160
燭台 93, 93
食堂 39, 45, 66
食堂車 20, 20
食堂（修道院の） 118
処女宮 161
女性歌手 56
除雪機 131
女中部屋 66
書店 45
ショワズール・アーケード 71
シリウス 161
市立劇場 37
城 88, 90, 96, 99
白ワイン 84, 85
新幹線 5, 15, 18
新幹線駅 9
信号 31
人工衛星 159
芯（黒鉛の） 49
寝室（ホテルの） 40
シンセサイザー 56
人像柱 94
寝台 40, 92, 93
身体検査 11
寝台車 20, 20
人体模型 49
人馬宮 161
芯挟み 49
シンバル 56
森林 123
身廊 104, 109, 115, 115

州 151
水泳コーチ 153
すいかずら 140
水濠 88
水彩画 47
水上スキー 155

推進器 12
水星 160
彗星 160
水栓 41
垂直安定版 12
スイッチ 41
水平安定版 12
水平帯飾 109
水泡 154
水門 31
水浴客 153
水陸両用車 151
水路 99
スカイダイヴィング 125
スキー 131
スキー（板） 131
スキー客 131
スキー指導員 131
スキー場 131
スキッド（ヘリコプターの） 13
スキーリフト 131
スクランブルド・エッグ 43
すぐり 137
スケート 131
スケート場 131
スコア 54
筋交い 78
すずめばち 149
スタッコ 97
スタート台 154
スチュワーデス 3
スチュワード 3
スーツケース 10, 41
ステップ（ヘリコプターの） 13
ステップ（列車の扉の） 20
ステム 86
ステンドグラス 113
ストック 131
ストライカー 129
砂浜 151, 152
砂山 153
スーパー 77
巣箱（みつばちの） 149
スパン 113

スプーン 43
スペース・シャトル 159
スポイラー 12
隅切 110
巣（みつばちの） 149
すみれ 139
隅稽 74, 88
スリッパ 40
スローイン 129
スロウ 129
スワン 101

星雲 160
税関 6, 9
政教分離 102
聖具室 118
星座 160, 160
聖職者席 114
聖水盤 114, 115
成層圏 159
製造年度（ワインの） 86
青銅 47
静物画 47
背泳ぎ 154
積雲 158
赤道 160
石版画 47
セキュリティコントロール 10
積乱雲 158
せきれい 148
セゾン 51
絶縁碍子 18
石棺 100
説教壇 113, 115
石膏 47
絶壁 123
ゼニット 57
セーヌ 36, 123
せみ 149
ゼリー 42
迫台 109
せり（舞台の） 53
迫持 110
栓 85
前縁（翼の） 12

線審（サッカーの） 129
全身像 47
泉水 58, 76, 98, 99
潜水マスク 155
センターサークル 129
センタースポット 129
前庭（教会前の） 108
前庭（館の） 69
尖塔 37, 108, 109, 109
尖頭ヴォールト 106, 107
線（道路） 31
栓抜き 85
線番号（駅の） 15
先方優先道路 32
洗面台 41
線路 16, 18, 23

僧院 119
僧院長 119
層雲 158
総会室 118
双魚宮 161
象牙 47
倉庫 157
走行面（線路の） 23
掃除機 39
双子宮 160
操縦席 12
操縦席（ヘリコプターの） 13
操縦面 12
装飾アーチ 110
装飾切妻 90, 109
装飾洞窟 99
装飾パネル 95
装飾美術〔品〕 47
層積雲 158
草地 151
装置（舞台の） 53
総譜 54
送風口（機内の） 3
僧坊 119
速度指標 33
速度制限 32
速度制限禁止区間 33
側廊 104, 105, 109, 114,
115, 115
袖幕 53
袖廊 105
ソプラノ歌手 56
空 123, 158
そり 131
ソルボンヌの礼拝堂 117

た 行

第一ヴァイオリン 54
台（煙突の） 66
対角アーチ 109
大気 158
台（グラスの） 86
対向車線優先権 32
台座（彫像の） 58
台座（柱の） 106
台車 20
大修道院 119
大聖堂 102
大西洋 157
大地 160
台地 123
台所（修道院の） 118
第二ヴァイオリン 54
ダイバー 155
タイヤ（地下鉄の） 23
太陽 160
太陽系 160
大理石 47
タイル張りの床（アーケードの） 70
タイル床 41
大蠟燭 114
タオル 41
タオルかけ 41
打楽器 56
打楽器奏者 56
高窓 106, 113
滝 100
卓（サロンの） 97
タクシー 9
タクシーウェイ 5
タグ車 13
タクト 54
托鉢修道会 119

索 引

タグボート 157
磔刑 47
タッチライン 128
手綱 127
棚 99
谷 154
谷間 123
タピスリー(タペストリー) 92, 93, 94
卵 43
ターミナル 5, 8, 9
ターミナル駅 14
ダム 123
タラップ 5
タラップ車 13
タルト 84
単一通貨ユーロ 5
タンカー 157
断崖 151
タンク車 17
タンク・ローリー 13
たんす 41
ダンス 57
タンバン 110
暖房機 41
たんぽぽ 139
暖炉 66, 92, 93, 95

地域 24
地域高速鉄道網 34
小さい丘 31
チェックインカウンター 8, 9, 10
チェリスト 54
チェロ 54
地下通路(駅の) 16
地下鉄 22, 23, 26, 28, 34
地下鉄駅 22
地下埋葬廟 72
地球 160
地上階 64, 66
地帯 24
地中海 157
地方都市 76
地方料理 80, 84
茶碗 42

チュイルリ宮殿 63
中央山塊 123, 131
中央分離帯 31
駐機場 5
駐車禁止 32, 33
駐車場 9, 17, 33
中世 95
中世の家 78
柱頭 78, 79, 106, 113, 116, 118
中2階 64, 66
柱廊 116
チューバ 55
チューバ奏者 55
チューブ(絵の具の) 49
長距離バス 9
長距離路線 15
長距離路線バス 29
彫刻 46, 47
朝食 42, 43
彫像 47, 58, 76, 116
頂塔 105
調理場(修道院の) 118
ちらし 39
亭 101
陳列台 78, 79

通行禁止 32, 32
通行人 37
通廊(地下鉄の) 24
通廊(列車の) 19, 20
通路(墓地の) 72
月 160
付け柱 116, 117
辻飾り 106
綴れ織 92, 93, 94
翼(飛行機の) 12
つめくさ 139
露 159
釣り 155
釣り糸 155
釣り竿 155
吊り燭台 97
吊り橋 125
釣り針 155
釣り人 155

つる日々草 138

手洗い所 9, 45
庭園 98, 99
定期乗車券 24, 24
ティーグランド 125
停止 32
デイジー 139
停車合図ボタン(バスの) 28
停車禁止 32
停車場(地下鉄の) 24
ディーゼル機関車 17, 20
停泊水域 156
Tバーリフト 131
ディフェンダー 129
堤防 151
出入り口(地下鉄の) 24
停留所 28, 29
テイル・ブーム 13
テイルローター 13
ティンパニ 56
ティンパニー奏者 56
出口(駅の) 17
出口(地下鉄の) 22
出口(空港の) 6
出口(高速道路の) 30
出口告知 31
TGV 5, 9, 15
手すり 152
手すり(階段の) 66
手すり(城の) 90
てすり(地下鉄車内の) 25
手すり(列車の扉の) 20
デッキ 19
デッキチェア 152
鉄骨構造(アーケードの) 70
鉄骨屋根(駅の) 14
鉄柵 58
デッサン 47, 49
鉄傘(駅の) 14
鉄道 30
手荷物 10
テノール歌手 56
テーブル 41

出窓（集合住宅の） 64
手回しオルガン 37
手許灯（機内の） 3
テュンパヌム 108, 110, 111
テレヴィ 41
テレヴィモニター 3
天 158
天王星 160
天蓋 92
天蠍宮 161
電気機関車 16, 20
電気ギター 56
電球 41
天空 160
電源車 13
電光掲示（機内の） 2
電光掲示（バスの） 29
甜菜畑 30
展示室 46
展示場入り口 45
天守 89
天井 93
天井画 95
天井（城の） 92, 94, 97
天井装飾 95
電線（路面電車の） 27
電柱 17
テント 125
電灯 41
電動車 27
テント布 125
店内（レストランの） 66
天然スレート 78
天秤宮 161
てんびん座 161
テンペラ画 47
店舗 70
電力供給線 23
電話 40

トイレット 19
塔 74, 88, 90, 105, 108
塔屋 90, 105, 108
等級（ワインの） 86
胴（グラスの） 86

峠 123
投光器（列車の） 18
投光器（ヘリコプターの） 13
刀刻版画 47
道床 16, 18
搭乗口 9, 11
搭乗券 11
搭乗待合室 8, 11
灯台 156
到着階 8
銅版画 47
陶板敷きの床 94
胴（飛行機の） 12
頭部像 47
とうもろこし 123, 141
とうもろこし畑 30
動力車 18, 23
道路 30
道路等級 33
道路標識 32
独唱者 56
独奏者 56
戸口 64
特別展示 45
登山 127
登山家 127
土星 160
土壇 98
突起腰掛 114
とっ手 41
突堤 156
取っ手（車室扉の） 20
とねりこ 132
賭博場 152
とび 145
飛板飛び込み台 154
飛び込み台 154
飛び込み（動作） 154
飛梁 109
飛控え 109
扉 64
扉口 104
扉口（教会の） 108, 110
扉（地下鉄の） 25
扉（バスの） 28
扉（飛行機の） 12

扉（列車の） 19, 20
ドフィヌ広場 36, 59
ドーム天井→円天井
銅鑼 56
トライアングル 56
ドライポイント 47
ドラマー 56
ドラムス 56
トランジット 8
トランペット 55, 56
トランペット奏者 55
ドーリー 13
トリフォリウム 113
トルソ 47
トレイ（機内の） 3
トロリー 27, 29
トロール漁船 157
トロンプ 105
トロンボーン 55
トロンボーン奏者 55
緞帳 53
トンネル 22, 31
トンネルヴォールト 105, 106, 107

な 行

内陣 105, 115, 115
ナイチンゲール 147
ナイトテーブル 40
ナイフ 43
ナイフ（画材の） 48
内部（城の） 92
長椅子（美術館の） 46
長椅子（教会の） 114
長椅子（浜辺の） 152
長靴（乗馬用） 127
中柱 110
長枕 40
長持ち 93, 93
流れ星 159
なし 134
夏時間 41
なでしこ 138
ななかまど 133
ナポレオン 63
ナポレオン3世 67

索　引

波　154
波頭　154
並木　31, 58, 65
縄ばしご　127
南極　160

2階　64, 66
2階（3階）正面席　53
2階席　29
握り（釣り竿の）　155
虹　123
日食　160
ニッチ　116
二等（列車の）　17
荷船　31, 37
荷物入れ（機内の）　3
荷物受取場（空港の）　6
荷物運搬車　13, 15
荷物置き場（列車の）　19
荷物区画（列車の）　18
荷物室（飛行機の）　12
入国　6
入国審査　6
乳児　59
庭　98

根太　92
熱気球　125
寝袋　125
粘土　47
燃料供給車　13

農家　100
納骨堂　72
野うさぎ　144
農道　33
軒桁　78
軒先（教会の）　116
軒蛇腹　90
軒庇　78
ノートルダム大聖堂　37, 111
乗合バス　29
乗り換え　25

乗換案内　22
乗換え（列車の）　17
乗組員（飛行機の）　3
乗り継ぎ（飛行機の）　8
ノルマンディー　84
のろ鹿　142

は　行

杯　86
杯（利き酒用の）　85
ハイカー　125
拝跪像　47
廃墟　100
ハイキング　125
灰皿　41
排障器（列車の）　20
排水溝　78
はいたか　145
売店　15, 24, 45
パイプオルガン　114
墓　72
パーカッション　56
白鳥　101, 146
白鳥座　161
博物館　44, 57
白羊宮　160
バゲジ・クレイム　8
バケツ　153
バゲット　43
ハーケン　127
狭間　89
橋　31, 74, 100, 125
橋（城の）　88
はしばみ　136
馬車入口　64
柱　78
柱（回廊の）　118
柱（教会の）　106, 110, 113
柱（バロック教会の）　116
バス　129
バス　9, 23, 25, 29, 34
バス歌手　56
バス専用車線　33
バスタオル　41
バスターミナル　17

バスティーユ・オペラ座　61
バスティーユの砦　61
バスティーユ広場　60, 61
バス停留所　33
パステル　49
パステル画　47, 49
パスポートチェック　9, 10
バスマット　41
バス路線　34
バタ　42, 43
旗　37
畑　30
旗（スキーコースの）　131
バタフライ　154
はたんきょう　134
蜂蜜　42
発電所　123
…発の　17
発泡水　43
ハーディーガーディー　56
はと　146
パドル　125
花　138
跳ね橋　74, 88
パネル　113
パノラマ・アーケード　71
パノラマ館　71
馬場　127
ハープ　54
ハーフウェイライン　128
ハーフ（サッカーの）　129
ハープシコード　56
ハープ奏者　54
ハーフタイム　129
ハーフティンバー　78, 79
浜　151
浜辺　151, 152
ハム　43
林　30
林（庭園の）　98
はやぶさ　145
パラグライダー　125
バラスト　16
パラソル　152
薔薇窓　108, 113
梁　92, 93

索 引

パリ管弦楽団 57
パリ交通営団 5, 34
パリ市 67
パリ城壁 67
パリ市立劇場 57
張出し（壁の） 79
張出し（城の） 89
張出剣形 116
張出し窓（集合住宅の） 64
張出し櫓 89
バリトン歌手 56
はりねずみ 144
梁間 104, 113
バルコニー 64, 66
バレエ 57
パレット 46, 48
パレットナイフ 48
パレ゠ロワヤル 71
バロック 102, 117
バロック教会 116
パン 42, 43
半円アーチ 107
半円ヴォールト 105, 106, 107
版画 47
ハンググライダー 125
半熟卵 43
番線（駅の） 15
パンタグラフ 18, 20
半島 151
ハンド（サッカーの） 129
ハンドバッグ 40
半ドーム 105, 106
番人（美術館の） 46
はんのき 132
パンフレット 39
ハンマー 127

ピア 113
ピアニスト 56
ピアノ 56, 56
控壁 105, 107, 109
日傘 152
東駅（パリの） 15
東向き礼拝堂 104
ビキニ 152

引船 157
飛行 2
飛行機 12
彦星 161
ひさし（テントの） 125
肱掛椅子 97
美術館 44, 57
美術館バス 57
非常口（飛行機の） 3
非常取っ手（車室の） 20
ヒース 140
ビーチタオル 153
ビーチパラソル 152
ピッケル 127
羊 30, 123
筆洗 48
ピッチ 128
ひとで 151
ひなぎく 139
ひなげし 138
ビーバー 143
樋嘴 109
非発泡水 43
ひばり 147
尾部 12
ヒマラヤ杉 132
ひまわり 123, 140
ひまわり畑 30
姫森鳩 146
非優先道路 32
ビュッフェ 19, 21
ビュッフェ・スタイル 43
病院 33
氷河 123
標識（海の） 155
標識（地下鉄の） 24
標識パネル 32
表示（地下鉄の） 24
表示板（停留所の） 29
錨地 156
日除け（集合住宅の） 64
平泳ぎ 154
平底船 31
平台 49
平土間 53
ピラミッド（ルーヴルの） 45

ピレネー山脈 123, 131
広口杯 86
広場（町の） 77
広場（教会前の） 108
瓶 85
瓶詰 86

ファウル（サッカーの） 129
ファゴット 55
ファゴット奏者 55
ブイ 155, 156
フィクサチフ 49
フィセル 43
ブイヤベス 80
フィン 13, 155
風景画 47
風車 31
風俗画 47
フェアウェイ 125
フェリーボート 156
フォーク 43
フォロム・デ・アル 73
フォワグラ 84
フォワード 129
幅員減少 32
複写 46
ふくろう 145
腐食版画 47
付随車 27
舞台 53
ふたご座 160
ふち（グラスの） 86
プチ・トリアノン宮殿 101
ブーツ 131
フットライト 53
筆 48
ぶどう 123, 137
埠頭 156
ぶどう酒 85
ぶどう畑 31
ふところ（歩廊の） 94
船着場 37, 151
FNAC 51
浮標 156

索 引

プフブルギニョン 83
部分食（日食の） 160
扶壁 105, 109
踏み切り 30, 32
譜面台 54
部門（展示室の） 46
フライトインフォメーション 10
フライングバットレス 109
ブラケット灯 39, 40, 70
ブラシ 48
プラタナス 37
プラットフォーム 14, 16, 22
プラットフォーム入口 14
フラップ 12
フランク族 75, 107
フランス王家 91
フランス国鉄 34
フランス式天井 92
フランス風庭園 98, 99, 101
フランソワ1世 89, 95
フランソワ1世の階段 89
フランソワ・マンサール 117
フリーキック 129
プール 154
ブールヴァール 71
ブルゴーニュ 82, 83, 84, 85
ブルゴーニュワイン 85
フルート 55
フルート奏者 55
フルート杯 86
フルバック 129
古本屋 37
プレイエル・ホール 57
プレイガイド 51
プレイヤー 129
プレス機 49
フレスコ画 47
ブレード 13
プロヴァン 75
プロヴァンス 80, 84
プロヴァンスワイン 85

プロキオン 161
プログラム売り 51
プロセニアム 53
ブロワ 89, 95
プロンプターボックス 53
噴水 58, 76, 98, 99

ヘアドライヤ 41
ベイ 104
平原 123
平面（教会の） 104
平面（庭園の） 98
平野 123
壁画 105, 113
壁龕 116
ベーコン 43
ベーシスト 54
ベース 56
ペダルボート 155
ベッド 40, 92
ベッドカヴァー 40
ベッドサイドマット 40
ヘッドライト 20
ヘッドライト（ヘリコプターの） 13
ペディメント 69, 90, 116, 117
ヘディング 129
ベテルギウス 161
ペナルティアーク 129
ペナルティエリア 128
ペナルティキック 129
ペナルティスポット 128
ベビーカー 59
部屋（ホテルの） 40
ヘリコプター 13
ペリゴール 84
ヘルメット（騎手の） 127
ヘルメット（スキーの） 131
ペール=ラシェーズ墓地 73
ベレ帽 37
ペン 49
便所 45

編成（車両の） 18, 22, 27
ベンチ 22, 58, 65, 152
ペンデンティフ 106

ポイント 16
ホヴァークラフト 157
方形中庭 89
方向舵 12
方向（列車の） 17
防護柵 88
放射礼拝堂 105
宝飾品 47
放熱器 20
防波堤 151
宝瓶宮 161
放牧地 30
望楼 88
ボギー台車 18, 20
牧人礼拝 47
牧草地 123
歩行者通路 32
保護格子（街路樹の） 65
補助席（地下鉄の） 25
補助翼 12
ポスター 25, 51
墓石 72
ポーター 38
ポーター 53
ポータル 108
ポーチ 105
墓地 72
ポーチバッグ 125
北極 160
ホテル 38, 152
ボート 125
歩道 66
ポトフ 82
ボトル 85
哺乳動物 142
哺乳類 142
墓碑 72
墓碑銘 72
墓廟 72
ポプラ 100, 123
濠（城砦の） 74
ホリゾント 53

索 引

ホール 125
ボール 42, 43, 128
ボール(ゴルフの) 125
ポール(地下鉄車内の) 25
ポール(バス車内の) 28
ボルドー 84, 85
ボルドーワイン 85
ボールペン 38
ホルン 55
ホルン奏者 55
歩廊(修道院の) 118
歩廊(城の) 94
本屋(城の) 90
本屋(館の) 69
ポン=ヌフ 36

ま 行

マイク 56
前庭(教会前の) 108
前庭(館の) 69
前舞台 53
磨羯宮 161
楣石 110
枕 40
枕カヴァー 40
枕木 16, 18
まぐろ漁船 157
マスト(テントの) 125
待合室 9
町役場 76
マット 38
マットレス 153
窓 20, 41
窓ガラス(列車の) 20
窓口(駅の) 17
窓口(地下鉄の) 24
窓(地下鉄の) 25
窓(飛行機の) 12
窓(列車の) 20
マドレーヌ寺院 57
ママレード 42
マーモット 144
マリ=アントワネット 101
円天井 105, 106, 116, 117
まるはな蜂 149
丸彫彫刻 47

円屋根 105, 116
マレ地区 69
マロニエ 37
満潮 151, 157
万年雪 123

水 42
湖 123
水おけ 125
水落し 109
水花壇 98
水瓶座 161
水着 152
水タンク 125
水場 125
ミッドフィールダー 129
みつばち 149
港 156
南回帰線 160
ミニテル 51
ミネラルウオーター 43
見張り櫓 88
身分証明書 11
みみずく 145
ミルク 42
ミルクコーヒー 42, 43
ミルクティー 42, 43

むくどり 146
無動力車 23, 27
胸白てん 143
霧氷 159
無名戦士の墓(凱旋門の) 62
ムール貝 151

冥王星 160
銘酒 85
銘醸 85
迷路 98, 114
迷路模様(教会床の) 114
牝鹿 142
メゾソプラノ歌手 56
メゾチント 47

目玉焼 43
メトロ 23, 25
面(教会の) 108
免税売店 10

藻 151
毛布 40
モガドール座 57
木材 47
木星 160
木炭 49
木版画 47
模写 46
モスク 103
モーターグライダー 125
モーターボート 155
モダンダンス 57
持ち送り(壁の) 78, 79
持ち出し(壁の) 78, 79
木管楽器 55
木琴 56
モデル(絵の) 49
物見(城の) 89
物見台 89
物見櫓 76
もも 134
森 30, 123
モリス広告塔 51, 65
森鳩 146
紋章 92
門(城砦の) 74, 88
モンパルナス駅 15
モンパルナス墓地 73
門番 38
モンマルトル墓地 73

や 行

やぎ座 161
役場 77
役場前広場 76
櫓 88, 89
矢車菊 138
野生動物通行 32
野生山羊 142
薬局 9

177

索 引

やどかり 151
やどりぎ 133
屋根 66, 78
屋根（アーケードの） 70
屋根裏部屋 64
屋根組 66
屋根窓 69, 78, 90
矢狭間 89
夜番 38
山 123
山小屋 131
山登り 127

有蓋車 17
有給休暇 153
優先権 32, 33
優先席（座席の） 26
優先道路 33
郵便局 9
郵便物 38
遊歩道 37, 152
遊歩道（庭園の） 98
遊覧船 37
有料道路（高速道路の） 30
雪 123
行先 15, 17, 22, 29
行き先指示 33
雪だるま 131
行き止まり路 33
…行きの 17
油彩画 47
ユダヤ教会 103
Uターン禁止 32
ゆで卵 43
弓（ヴァイオリンの） 54
ユーロ 5
ユーロスター 15

要塞 88, 96
養殖 151
翼屋 69
翼（城の） 90
翼（館の） 69
浴室 41
浴槽 41

ヨーグルト 43
翼廊 105
予告表示（高速道路） 31
ヨット 155, 156
ヨットハーバー 156
夜鳴きうぐいす 147
呼び鈴 38
予約 17, 18
4階 64

ら 行

ライ麦 141
雷鳴 123
ライン（道路） 31
ラヴェンダー 139
落石危険 32
ラジオ 40
螺旋階段 89, 95
裸体画 49
裸体モデル 49
ラディエイタ 41
ラベル（ワインの） 86
欄干（道路の） 152
欄干（城の） 90
欄干（館の） 69
ラングドック 82
乱層雲 158
ランプ（街灯の） 65
ランプ（高速道路の） 30

リクライニングシート 19
リゲル 161
リコーダー 56
りす 144
陸橋 30
リベロ 129
流域 123
リュージュ 131
リュックサック 125, 127
リュート 56
両替 8
料金所 30, 32
漁師 157
稜堡 74
稜保壁 89

量（ワインの） 86
旅客運搬車両 13
旅行客 38
リヨン駅 15
リヨン地方 82
リール 155
りんご 134
りんご酒 84
臨時標識 33
林道 33

ルアー 155
ルーヴル 44, 61
ルーヴル宮殿 89, 99
ルソー島 101
ルネサンス 69, 89, 90, 93, 95, 96, 97, 99, 102, 117
ル・ノートル 99

礼拝 47
礼拝室 114, 115
礼拝スペース（空港の） 9
礼拝堂 89, 104, 119
冷房器 41
レオナルド・ダ・ヴィンチ 89
レーキ 153
歴史画 47
レジャー用港 156
レストラン 9, 66
レーダー 12, 157
列車 15, 20
列車番号 15
列柱 99
レッテル（ワインの） 86
レッドカード 129
レバー（地下鉄扉の） 25
レモンティー 42
レール 16, 18, 23, 27
レーン 31
れんぎょう 140
連結器 18, 20
連結車両 18, 27
連結廊（列車の） 20
連続カーヴ 32

索　引

レンタカー　9

廊下（列車の）　19
蝋燭　93
路肩　31
ロスタイム　129
路線図（バスの）　28
路線全図（バスの）　28
路線地図（地下鉄の）　22
路線バス　28, 29
路線番号　25, 28, 29
ローダー　13
ロータヘッド　13
ロータリー　31, 32
露台　98
ロッカー　45
ロッククライミング　127
ロックコンサート　57

ロックバンド　56
ロッジア　95
ローヌ　123
ロビー　10
ロビー（ホテルの）　38
ロビン　147
ロープウェイ　131
ロープ（テントの）　125
ロープ（登山の）　127
ロープトゥ　131
ローマ　107, 111, 117
ロマネスク　102, 104, 107, 111, 113
ロマネスク美術　107
路面　31
路面滑りやすし　32
路面電車　27
路面表示　33
路面不整合　32

ローラー　49
ロワシー=シャルル=ドゴール　5, 9
ロワシービュス　5
ロワール　91, 95, 96, 99, 123

わ 行

ワイン　85
ワイングラス　86
脇礼拝堂　104
枠（キャンバスの）　46, 48
わし　145
わたりがに　151
ワラス水栓　65
わらび　136

フランスの世界遺産
Patrimoine mondial en France
(カッコ内は認定された年)

モン=サン=ミシェルとモン=サン=ミシェル湾(1979)
 Mont-Saint-Michel et sa baie
シャルトル大聖堂(1979)
 Cathédrale de Chartres
ヴェルサイユの宮殿と庭園(1979)
 Palais et parc de Versailles
ヴェズレーの聖堂と丘(1979)
 Basilique et colline de Vézelay
ヴェゼール渓谷の洞窟壁画群(1979)
 Grottes ornées de la vallée de la Vézère
フォンテーヌブローの宮殿と庭園(1981)
 Palais et parc de Fontainebleau
アミアン大聖堂(1981)
 Cathédrale d'Amiens
オランジュの古代劇場とその周辺および"凱旋門"(1981)
 Théâtre antique et ses abords et "Arc de Triomphe" d'Orange
アルルのローマ遺跡とロマネスク様式建造物群(1981)
 Monuments romains et romans d'Arles
フォントネーのシトー会修道院(1981)
 Abbaye cistercienne de Fontenay
アルケ=スナンの王立製塩所(1982)
 Saline royale d'Arc-et-Senans
ナンシーのスタニスラス広場,カリエール広場とアリアンス広場(1983)
 Places Stanislas, de la Carrière et d'Alliance à Nancy
サン=サヴァン=スュル=ガルタンプの教会(1983)
 Église de Saint-Savin sur Gartempe
コルシカのジロラッタ岬,ポルト岬とスカンドラ自然保護区およびピアナ・カランケ(1983)　Caps de Girolata et de Porto et réserve naturelle de Scandola, calanches de Piana en Corse
ポン・デュ・ガール(ローマの水道橋)(1985)
 Pont du Gard

ストラスブールのグラン・ディル（1988）
　Strasbourg-Grande île
パリのセーヌ河岸（1991）
　Paris, rives de la Seine
ランスのノートル＝ダム大聖堂，サン＝レミ旧修道院とト宮殿（1991）
　Cathédrale Notre-Dame, ancienne abbaye Saint-Remi et palais de Tau, Reims
ブールジュ大聖堂（1992）
　Cathédrale de Bourges
アヴィニョン歴史地区（1995）
　Centre historique d'Avignon
ミディ運河（1996）
　Canal du Midi
歴史的城塞都市カルカッソンヌ（1997）
　Ville fortifiée historique de Carcassonne
サンティアゴ・デ・コンポステラの巡礼路のフランス国内部分（1998）
　Chemins de Saint-Jacques-de-Compostelle en France
リヨン歴史地区（1998）
　Site historique de Lyon
サン・テミリオン地域（1999）
　Juridiction de Saint-Emilion
ロワールの谷間，シュリー＝スュル＝ロワールとシャロンヌ間（2000）
　Val de Loire entre Sully-sur-Loire et Chalonnes
中世市場都市プロヴァン（2001）
　Provins, ville de foire médiévale
ル・アーヴル，建築家オーギュスト・ペレによる戦災からの復興都市（2005）　Le Havre, la ville reconstruite par Auguste Perret

ほかに，2カ国にまたがるものとして：
ピレネー，モン＝ペルデュ（モンテ＝ペルディド）山（1997, 1999）
　Pyrénées-Mont Perdu
フランスおよびベルギーの市の鐘楼（1999, 2005）
　Beffrois de Flandre et de Wallonie, Beffrois de Belgique et de France

[著者略歴]

小林茂（こばやし　しげる）
1942年東京生まれ
早稲田大学第一文学部、同大学院にまなんだのち、1971〜74年パリ第3および第4大学に留学
現在　早稲田大学文学部教授（フランス語フランス文学）
1989年4月〜1992年3月 NHKテレビフランス語講座講師
主要著書：「新聞のフランス語」、「新スタンダード仏和辞典」（共著）、「絵でみる暮らしのフランス語」（共著）ほか
主要訳書：トポル「カフェ・パニック」、ベッソン「孤独な若者の家」、エニグ「事典 果物と野菜の文化誌」（共訳）、コンボー「パリの歴史[新版]」ほか

井村治樹（いむら　はるき）
1953年香川県生まれ
慶應義塾大学文学部哲学科卒業。卒業とともに渡仏、エコール・デ・ボザールのマダム・ポンセレに師事しデッサンを学ぶ。帰国後、イラストレーターとして独立。テンペラ画でパリ通信賞を得る。装丁も手がける
主要著書：「アンティークの街ロンドン」、「ギリシャ神話と英米文化」（共著）、「絵でみる暮らしのフランス語」（共著）ほか

絵でみる旅のフランス語
ⓒ Shigeru Kobayashi 2005

NDC 850 194p 20cm

初版第1刷―――2005年11月20日

著者―――――小林茂　井村治樹
発行者―――――鈴木一行
発行所―――――株式会社大修館書店

〒101-8466 東京都千代田区神田錦町3-24
電話03-3295-6231（販売部）03-3294-2355（編集部）
振替00190-7-40504

装丁者―――――井村治樹
印刷所―――――三松堂印刷
製本所―――――三水舎
［出版情報］http://www.taishukan.co.jp

ISBN4-469-25073-2　　Printed in Japan

Ⓡ本書の全部または一部を無断で複写複製（コピー）することは、著作権法上での例外を除き禁じられています。

● 街のフランス語、アパルトマンのフランス語──

絵でみる暮らしのフランス語

Le français illustré
La vie de tous les jours

小林　茂・井村治樹 〈絵〉

四六判上製一九二頁　定価三五〇〇円

〈主要目次〉

LA VILLE（町）──広場　街路　商店　パン屋　八百屋　肉屋　魚屋　喫茶店　食堂　郵便局　バス停留所　新聞　スタンド　映画館　河岸　自動車　オートバイ　縁日　公園　ニュータウン　スーパーマーケット

LA MAISON（家）──建物　アパルトマン　居間　バルコニー　暖炉　食器戸棚　食卓　台所　浴室　洗面台　家事　日曜大工　寝室　子供部屋　書斎　音響機器

LE CORPS ET LES VETEMENTS（身体と衣類）──からだ　顔　手　衣類（スーツ、ドレス、ワイシャツ　セーター　コート　下着　アクセサリー　他）